KB264922

한국 시민사회
프로젝트

이 도서의 국립중앙도서관 출판시도서목록(CIP)은 e-CIP홈페이지(http://www.nl.go.kr/
ecip)와 국가자료공동목록시스템(http://www.nl.go.kr/kolisnet)에서 이용하실 수 있습니
다.(CIP제어번호 : CIP2012005131)

The project of Korea civil society

한국 시민사회 프로젝트

박상필 · 유용원 지음

2008년 5월 서울의 청계천 앞 광장에 중고등학생 수십 명이 미국 쇠고기 수입에 반대한다고 촛불을 들고 서 있었다. 이 작은 모임은 인터넷과 방송을 타고 퍼져 나갔고, 며칠이 지나자 서울시청 앞 광장에서는 미국산 쇠고기 수입에 반대하는 수만 명의 촛불집회가 벌어졌다. 2008년 봄 한국 사회를 뜨겁게 달군 이른바 '광우병 파동'이다. 촛불집회는 정부의 미온적인 대처로 들불처럼 타올라 전국적으로 확산되었다. 이명박 대통령이 취임한 지 불과 3개월도 되지 않아 벌어진 이 거대한 사회적 격변에 대해 집권 세력은 원인조차 파악하지 못했다. 이명박 대통령 스스로 말했듯이, 수십만 명이 촛불을 들고 청와대를 향해 행진하는 저항의 물결은 집권 세력에게 두려움 그 자체였다. 이 두려움 앞에서 정부가 할 수 있는 일은 기껏해야 경찰을 동원하여 광화문사거리에 차량 산성을 높게 쌓는 일이었다.

몇 개월간 계속된 촛불집회는 세계적인 뉴스거리가 되어 전 세계에 알려졌고, 촛불행진이 벌어진 현장에는 중국과 일본을 비롯하여 구경을 나온 외국 사람도 많았다. 촛불집회는 특히 중국 사람에게 신기함 그 자체였다. 중국에서는 도저히 상상할 수 없는 일이기 때문이다. 중국에서 국가원수의 집무실로부터 불과 수 km 떨어진 거리에서 수십만

명이 그곳을 향해 행진하는 것은 법적으로 불가능하다. 신기해하는 것
은 일본 사람도 마찬가지였다. 일본에서는 수십만 명의 시민이 천황궁
이나 총리관저를 향해 행진하는 것이 법적으로 가능하기는 하지만, 혁
명을 겪어보지 못한 일본에서는 그러한 결집과 저항 자체가 거의 일어
나지 않기 때문이다. 그러니까 촛불집회는 독특하게도 한국에서 일어
날 수 있는 것이다. 우리는 세계 곳곳에서 불평등 대우에 대한 이주민
의 격렬한 저항이나 긴축에 반대하는 실업자의 거센 반발을 쉽게 볼 수
있다. 그러나 촛불집회처럼 개인의 직접적인 이해(利害)가 아닌 보편적
인 시민 권리를 요구하며 광범위한 정치적 저항이 일어나는 것은 세계
에서도 그리 흔하지 않다.

촛불집회는 왜 일어났을까? 집권 세력은 인터넷과 방송을 타고 전파
된 광우병 괴담 때문이라고 했다. 그러나 이러한 분석에는 총체적인 분
석이 결여되었을 뿐만 아니라, 그것으로는 문제 해결을 위한 대응책을
강구하기도 어렵다. 촛불집회는 여러 가지 요인이 복합적으로 작용해
일어난 것이다. 예상되는 보수적 교육정책과 초기 인사정책의 실패도
원인을 제공했고, 쇠고기 수출 당사국이 미국이라는 사실도 일정 부분
영향을 미쳤다. 그러나 민주주의 원리에서 본다면 촛불집회가 일어난
원인을 파악하는 키워드는 자치 권력(empowerment)이라는 개념이다.
현대인은 공공 문제에 대해 대리인(agent)의 의사 결정에 순순히 따르
지 않고 직접 자신의 의사를 표명하며, 정책 과정에 참여하여 권력을
행사하려고 한다. 대의민주주의의 한계에 대한 새로운 정치 기획으로
서 참여민주주의(participatory democracy)가 등장하는 이유이다. 따라서
법에 따라 권한을 행사한답시고 정상회담을 마치고 악수 한 번 하고 쇠

고기 수입을 결정한 대통령의 결정을 시민들은 받아들일 수 없었다.

　물론 참여민주주의가 발달하고 시민들이 자치 권력을 요구한다고 해서 모든 사건이 거대한 운동으로 발전하지는 않는다. 촛불집회가 거대한 사회운동으로 연결된 것은 두 가지 매개변수가 작용했기 때문이다. 하나는 건강권이라고 하는 고차원적인 권리에 대한 요구이다. 이것은 소득의 증대 및 정보사회의 발달과도 관련이 있지만, 환경운동의 확산에 따른 시민적 각성에서 비롯된 것으로서, 기존의 자유권이나 정치권의 보장으로 충족될 수 없는 것이다. 신사회운동의 이론에도 있는 것처럼 건강과 같은 삶의 질에 대한 욕구는 시민 참여와 사회운동의 중요한 계기가 된다. 다른 하나는 한국의 인구 구조와 밀접한 관련이 있다. 1970년대 이후 독재정권하에서 투쟁한 청년들이 이제 30~50대가 되었다. 이들은 한국 사회의 중추를 이루는 핵심 세력으로서 여론을 주도하는 그룹이 되었다. 개인의 자유나 권리에 민감한 이들은 현재 학생인 자녀의 사고에 영향을 미쳤을 뿐만 아니라, 자녀들을 직접 데리고 광장에 나왔다. 심지어 1990년대에 대학을 다닌 사람들은 갓난아이를 태운 유모차까지 끌고 나왔다.

　이명박 대통령은 당선 직후 작은 정부의 원칙에 따라 노무현 정부 시절에 신설된 청와대 내 시민사회 비서실을 폐지했다. 그만큼 시민사회에 대해 무지했고, 그 필요성을 인식하지 못했다. 이렇게 되자 촛불집회와 같은 거대한 격변이 일어나지 않도록 예방할 수 없었고, 일단 발발한 사건에도 제대로 대처할 수 없었다. 결국 청와대는 나중에 시민사회 비서실을 부활하여 노무현 정부의 조직 구조를 따라갔다. 그렇다고 시민사회 원리를 간파하여 국가의 발전과 시민의 삶의 질 증대에 활용한 것은 아니었다. 따라서 이명박 정부의 집권기간에 시민사회에 대한 담론이 급격하게 줄었고, 시민사회의 각종 활동도 위축되었다. 당연히 정부실패(government failure)에 따른, 공공 서비스 생산을 위한 거버넌스(governance)의 실행도 줄어들었다. 이와 더불어 국정 과제는 경제성장에 집중되었고, 시민들의 관심도 물질적 풍요에 맞추어졌다. 이러한 현상은 부정부패, 빈부 격차, 집단 갈등, 자살 증가, 정체성 위기 등과 같은 문제를 초래하여 삶의 질이 하락했으며, 최소한으로 말해도 증가하지는 않았다.

시민사회는 국가와 시장 바깥의 결사체 영역으로서 생활세계(life world)의 문화적 현상이라는 점에서 인간생활과 불가분의 관계를 맺고 있다. 모든 인간은 시민사회에서 태어나서 시민사회에서 죽는다. 태어나서 자라나고 성인이 된 사람이 국가와 시장으로 진출하지만, 결국 시민사회로 돌아온다. 그리고 국가와 시장 영역에서 직장생활을 하는 사람도 생활의 일부분은 시민사회에 걸쳐 있는 이중적 정체성을 가진다. 사실 시민사회는 국가와 시장이 아직 하나의 제도로서 구축되지 않은 까마득한 고대에도 존재했다. 현대사회에서도 모든 사람은 시민사회를 떠나서 자기 정체성을 가질 수 없다. 국가 영역에서 공무원의 신분으로 살아가고 시장 영역에서 생산과 소비 원리에 따라 살아간다고 하지만, 가족 공동체 내의 생활, 인간적인 교류, 보편적 가치를 향한 공동 협력, 영성을 일깨우는 종교생활 등을 떠나서는 살 수 없기 때문이다. 위르겐 하버마스(Jürgen Habermas)의 지적처럼, 국가와 시장의 체계 원리가 시민사회에 침투하여 시민사회적 가치를 억압하면 생활세계가 식민화된다. 생활세계의 식민화는 의사소통을 왜곡할 뿐만 아니라, 정신적 아노미(anomie)도 초래한다. 궁극적으로는 모든 사람이 실존의 위기에 직면한다.

1987년 6월항쟁 이후 한국 사회는 민주화의 진척과 함께 정상적인 사회로 진입하여 발전을 거듭해왔다. 국가의 억압이나 시장의 불공정이 여전히 남아 있기는 하지만, 민주주의가 진화하고 국민의 삶의 질이 증대해온 것은 부정할 수 없는 사실이다. 시민사회의 발전도 마찬가지다. 여러 가지 요인이 작용하기는 했지만, 민주주의가 발달하면서 시민사회도 급격하게 성장했다. 그래서 시민사회는 국가와 시장의 권력을 견제하고, 사회적 경제(social economy) 속에서 각종 공공 서비스를 생산하며, 대안사회를 위한 다양한 실험을 전개했다. 그런데 이러한 시민사회의 발전 트렌드(trend)는 이명박 정부에 와서 중지되고 말았다. 시민사회의 발달사에서 본다면 이명박 정부는 일종의 돌연변이에 해당한다. 즉, 이명박 정부는 시민사회에서 어떤 영역을 우선시하고 국정 관리에서 시민사회를 어떤 방식으로 활용해 정책 변화를 시도할지를 몰랐던 것이 아니라, 시민사회 자체를 이해하지 못했다. 따라서 국가 발전과 시민의 삶의 질 증대를 위해 시민사회를 전략적으로 활용할 수 없었다.

이명박 정부의 고위인사 중에는 시민사회를 제대로 이해하는 사람이 거의 없다고 해도 과언이 아니다. 이것은 이명박 대통령의 각종 연설문에서 잘 나타난다. 이명박 대통령의 연설문에서는 시민사회적 가치를 대변하는 용어, 예를 들어 자율·참여·연대와 같은 개념을 비롯하여 형제애·봉사·관용·공론장·다원성·공동체·윤리·세계시민정신·생태주의·실험정신·영성 등과 같은 개념을 찾기 어렵다. 또한 시민사회의 핵심

용어이자 민주주의의 발달과 복지사회의 구축에 필요한 자치 권력, 거버넌스, 사회자본(social capital), 자원활동(voluntary activity), 참여민주주의, 능동사회(active society), 사회적 경제, 사회적 구상(social design), 생활세계, 시민운동(civic activism), NGO(nongovernmental organization) 등과 같은 개념을 거의 사용하지 않는다. 이렇다 보니 국가 품격이나 녹색성장과 같은 개념도 심하게 왜곡된 시각으로 접근한다.

미국 버락 오바마(Barack Obama) 대통령은 대통령 취임연설에서 자원활동의 활성화에 대해 언급했다. 세계 강대국으로서 국제사회의 경찰 역할을 떠맡고 있는 미국 대통령이 취임연설에서 해야 할 많은 이야기 중 자원활동에 대해서 언급하는 이유가 무엇일까? 그것은 자원활동을 통해 민간 에너지를 활용하는 것이 한 사회의 발전과 그 속에 있는 사람들의 정체성에 매우 중요하기 때문일 것이다. 한때 세계 최고 부자로서 미국 마이크로소프트(MS)사의 회장이었던 빌 게이츠(Bill Gates)는 2008년 회장직에서 물러났다. 그는 자신이 벌어놓은 많은 돈을 시민사회로 가져와서 그와 아내의 이름을 딴 재단(Bill & Melinda Gates Foundation)을 만들었다. 그가 젊은 나이에 기업가에서 자선활동가로 변신한 이유는 무엇일까? 이것도 개인의 삶의 질 증대, 나아가 인간 실존의 근원적인 문제를 해결하기 위함일 것이다. 무수한 예를 들 수 있지만, 시민사회를 이해하지 못하면 모두가 단지 정치적 격변이 일어나고 사회적 갈등이 심화되는 것에 그치지 않는다. 그래서 국가 발전을 지체하고 국민의 삶의 질을 현저히 떨어뜨리는 오류를 범하게 된다.

시민사회를 활성화하여 국가 발전에 활용하는 것은 매우 중요하다. 예를 들어 2012년 현재 동북아시아 지역을 뜨겁게 달구고 있는 일본과 중국, 한국과 일본의 영토 분쟁을 둘러싼 지역 갈등은 각국에 큰 경제적 손실을 초래할 뿐만 아니라, 동북아시아에 평화 공동체를 형성하고 아시아 문명을 새롭게 구축하는 데도 불리하게 작용한다. 이러한 문제도 3개국 시민사회 간의 대화와 연대를 통해 해결해가야 하고, 한국 시민사회가 네트워크를 통해 조정자 혹은 허브 역할을 해야 한다. 이 책을 쓴 동기도 2012년 12월 대통령 선거를 거쳐 2013년 2월 새로 등장할 정부가 시민사회를 올바로 이해하고 국가 발전을 위해 시민사회를 전략적으로 활용할 수 있도록 촉구하기 위함이다. 구체적으로 민주주의의 발전, 복지사회의 구축, 신뢰사회의 형성, 공동체성의 강화, 국가 품격의 증대, 평화통일의 성취, 아시아 문명의 개척, 대안사회의 모색 등과 관련하여 시민사회를 어떻게 활용할 것인가를 탐색했다. 시민사회에 대해 이론적으로 학습한 사람이라면 제1부를 뛰어넘고 제2부부터 읽어도 무방하다.

이 책의 집필은 사실 오래전에 구상했다. 그러나 연구 프로젝트가 꼬리를 물고 계속되면서 몇 년이 훌쩍 지나가버렸다. 현 정부를 보내고 새 정부를 맞이하는 과도기에 이번에는 꼭 쓰기로 마음을 먹고 실행했다. 집필 과정에서는 시민사회를 연구하는 연구자와 시민운동의 현장에서 활동하는 활동가의 조언을 들었다. 이 과정에서 시민사회를 연구하거나 시민운동을 하는 활동가가 거의 비슷한 문제의식을 가지고 있다는 사실을 알게 되었다. 특히 유용원은 한국 시민운동의 현실에 대해 통찰력 있게 조망하는 능력으로 저자의 집필에 용기를 불어넣어 주었고, 한국 시민사회의 현실에 대해 공동 책임의식을 가지고 책의 구성과 의미를 논의하는 파트너로서 공동 저자가 되었다.

국가 정책가나 시장 기업가와 마찬가지로, 시민사회 연구자나 현장 활동가도 국가 발전과 국민의 행복에 관심을 가지고, 이것을 어떻게 달성할 것인가를 고심한다. 따라서 정책가와 기업가의 지식과 노력이 국가를 발전하게 하고 개인의 행복을 증진하는 데 중요하듯이, 시민사회 연구자나 현장 활동가의 시각도 중요하다. 국가가 발전하고 그 속의 구성원이 행복하기 위해 국가, 시장, 시민사회가 상호 견제하고 협력하는 견제와 협력의 변증법적 융합이 필요하다. 이 책이 2013년 한국에 새로 등장할 정부의 시민사회에 대한 이해를 증진하여, 국가 발전과 개인 행복의 증대, 나아가 한국의 평화통일과 아시아 문명의 개척을 위한 그랜드 디자인(grand design)에 작게나마 기여할 수 있기를 바란다.

2012년 10월

아산 배방골에서 박상필 씀

차례

서문 5

제1부 시민사회란 무엇인가

제2부 시민사회의 가치와 활용

제3부 한 국 시 민 사 회 의 과 제

제1부

시민사회란 무엇인가

01 시민사회의 의의

02 시민사회의 발전 역사

03 한국 시민사회의 특수성

시민사회의 의의

1. 제3섹터 모델

우리는 지난 300여 년 동안 인간 사회를 규정해온 근대성(modernity)의 문명 속에서 살고 있다. 근대성은 15세기 전후 이탈리아에서 시작된 르네상스를 비롯하여 종교개혁·계몽주의·시민혁명·산업혁명 등을 거치면서 자유주의·개인주의·합리주의·경험주의 등과 같은 이념이 발달함에 따라 태동했다. 특히 자연법사상, 이성 존중, 합리주의, 경험주의 등에 기초하는 18세기 계몽주의는 근대성의 중추를 구성한다. 중세의 암흑시대를 넘어 인류 문명을 새로운 시대로 이끈 시민혁명과 산업혁명은 모두 계몽주의에 근거하고 있기 때문이다. 근대 문명은 체제의 차원에서 보면 민주주의와 자본주의가 핵심이다. 그리고 민주주의와 자본주의는 각각 국가와 시장의 중심 이데올로기를 형성한다. 국가와 시장이라는 제도는 인류 역사에서 그렇게 오래되지 않았다. 그렇지만 우리는 국가와 시장을 인간생활의 필수 제도로 간주하면서 살아간다.

근대 문명의 또 다른 제도는 국가와 시장 바깥에 있는 시민사회이다. 근대에 들어와 사회가 국가와 개인 사이에서 사적 소유에 대한 자의식을 가진 개인의 다양한 생활을 표현하기 위해 사용되었다는 점에서, (시민)사회 또한 근대적 산물이다. 특히 시민사회가 18세기 계몽시대에 과거의 사상과 제도를 부정하고 인간 해방을 강조한 자연법에 근거하고 있다는 점에서 시민사회는 근대 이후에 본격적으로 발달했다고 볼 수 있다. 그동안 시민사회는 독립된 정체성을 갖지 못하고 단지 국가와 시장의 일부분으로 인식되는 경향이 있었다. 그러나 시민사회는 근대의 각종 사상 및 제도와 함께 성장해온 역사성이 있을 뿐만 아니라, 독자적으로 공론장을 구성하고 공공 서비스를 생산하며 사회자본을 생성한다는 점에서 독립된 실체이다. 현대사회에 이르러서는 시민사회가 인간 정체성의 본원이자 실존의 근원을 구성할 정도로 우리 생활에서 매우 중요한 위치를 차지한다.

이처럼 우리가 살고 있는 광의의 사회는 크게 국가, 시장, 시민사회 등 3개의 섹터(sector)로 나누어져 있다. 물론 국가와 시민사회로 구분하는 제2섹터 모델이나, 정부·기업·제3섹터·공동체 등으로 구분하는 제4섹터 모델도 있다. 오늘날 제3섹터 모델은 사회 구분 모델의 주류이론을 대변하고 있다. 〈그림 1-1〉에 나타난 것처럼 정치학이나 사회학에서는 제3의 영역을 시민사회라고 부르고, 행정학이나 사회복지학에서는 비영리섹터(nonprofit sector)라고 부르는 경향이 있다. 물론 양자는 사용하는 의미가 약간 다르다. 시민사회라고 하면 국가 권력 견제, 공론장 형성, 개인의 권리와 의무, 집단 간 갈등, 공공 업무에 대한 시민 참여 등과 같은 의미를 강하게 내포한다. 반면에 비영리섹터의 개념

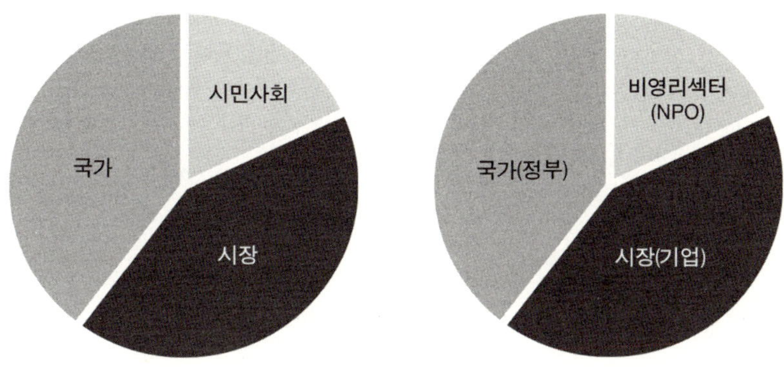

에는 공공 서비스 생산, 거버넌스, 자원활동, 공동체 등과 같은 의미가 들어 있다. 공기업·언론기관·노동조합·정당·국공립학교처럼 섹터의 중간에 위치하는 것도 있다. 국가의 대표적인 조직이 정부이고, 시장의 대표적인 조직이 기업이며, 시민사회 혹은 비영리섹터의 대표적인 조직이 비영리단체(nonprofit organization: NPO)이다.

국가·시장·시민사회의 각 섹터는 개념적 경계로 서로 구별된다. 따라서 각 섹터는 각기 고유한 이념에 따른 기능을 수행한다. 그리고 그 이념과 기능에 맞는 작동 원리와 활동 양식을 가진다. 〈표 1-1〉은 각 섹터의 특성을 비교한 것이다. 국가는 주로 관료제로 구성되어 있고, 대외적 안전, 질서 유지, 공공 서비스 생산 등과 같은 기능을 한다. 시장은 효율과 경쟁 원리에 따라 상품과 서비스를 생산하고 교환한다. 반면에 시민사회는 국가와 시장의 견제, 복지 서비스 생산, 사회 통합과 문화적 재생산, 사회자본의 생성 등과 같은 기능을 한다.

각 섹터는 〈그림 1-2〉에 나타난 것처럼 각기 다른 이념과 작동 원리로 밀접하게 상호작용한다. 각 섹터는 서로 영향을 끼치면서 긴장을 하

영역	주요 기능	작동 원리
국가	대외적 안전, 질서 유지, 공공 서비스 생산	강제와 명령, 계층화, 다수결, 획일성
시장	상품과 서비스의 생산과 교환	이윤 추구, 경쟁, 효율성, 실적주의
시민사회	국가와 시장 견제, 복지 서비스 생산, 사회 통합과 문화적 재생산, 사회자본 생성	자율, 참여, 연대, 신뢰, 다원성, 공론장, 형제애와 상호 호혜(봉사·관용·포용), 공동체, 도덕과 윤리, 세계시민정신, 생태주의, 실험정신, 영성

고 갈등관계를 만들기도 하지만, 이념과 역할의 공유를 통해 서로 소통하고 협력하기도 한다. 정부의 신공공 관리(new public management), 기업의 사회적 책임(corporate social responsibility: CSR), 비영리단체의 공공 서비스 생산 등을 예로 들 수 있다. 각 섹터가 자기 기능을 하지 못하거나 섹터 간의 조정 양식이 제 기능을 발휘하지 못하면 사회 불안, 물질적 빈곤, 인권 침해 등과 같은 중대한 문제가 발생한다. 한 섹터의 권력이 너무 강화되어도 문제가 된다. 예를 들어 국가 권력이 강화되면 파시즘·공산주의·독재정권처럼 권위주의 체제로 전화된다. 시장이 너무 확장되면 시장사회가 되어 공동체가 파괴되고 민주주의가 위협을 받는다. 시민사회의 가치가 중요하다고 해도 아나키즘(anarchism)이나 원시경제는 현실적으로 대안이 되기 어렵다. 우리가 바라는 바람직한 사회는 각 섹터가 상호 견제와 협력을 통해 일정한 균형을 이루는 것이다.

2. 시민사회의 정의

시민사회는 이론적 개념이지만 오늘날에는 일상 용어로 흔히 사용

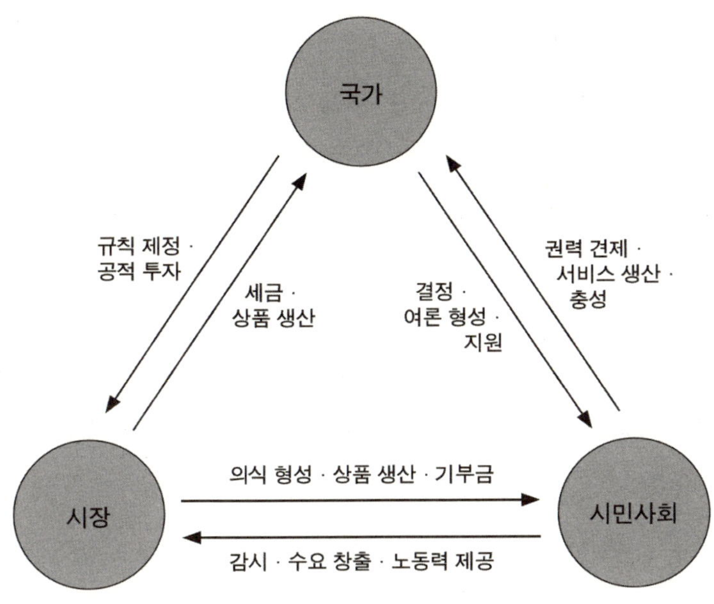

〈그림 1-2〉 국가, 시장, 시민사회의 상호작용

된다. 그렇지만 시민사회의 개념을 정의하는 것은 간단하지 않다. 시민사회는 다차원적인 특성을 지니고 있을 뿐만 아니라 다양한 가치를 내포하고 있다. 우선 시민사회는 경험적 개념인가 하면 규범적 개념이기도 하다. 특히 시민사회는 근대의 핵심 제도인 국가와 시장에 내포된 체계 원리를 비판하는 강한 규범성을 내포하고 있다. 그리고 시민사회는 행위자이기도 하고 영역이기도 하다. 시민사회는 사회 변혁을 지향하는 주도 세력의 정체이기도 하지만, 사회의식과 이데올로기가 이루어지는 문화 영역이기도 하다. 또한 시민사회는 사적 영역이기도 하고 공적 영역이기도 하다. 시민사회는 기본적으로 공공성(publicness)의 특성이 있으나, 개인들은 시민사회에서 집단을 형성하여 특수한 이익이나 이데올로기를 추구하기도 한다. 물론 시민사회는 국가에 적대적이기도 하지만 때로는 협력적이기도 하다. 그리고 시민사회는 계급적인 특성도, 탈계급적 특성도 있다.

시민사회의 개념을 정의하기 어려운 것은 그 의미가 시대에 따라 변해왔기 때문이기도 하다. 고대 사회에서 (시민)사회는 국가와 구분되지 않았다. 오히려 시민사회는 사적인 생활과 구분되는 공적인 생활 영역으로서 국가와 동일시되었다. 국가와 동일시되던 시민사회는 근대에 와서 분리된다. 근대 자유주의적 관점의 시민사회는 국가와 분리되고, 시민사회가 국가를 통제하는 것을 강조한다. 이것은 국가 권력을 억제하여 개인의 권리를 보장하려는 계몽주의에 기초한다. 한편 마르크스주의에서 시민사회는 자본주의 시장경제가 작동하는 경제사회였기 때문에 부르주아계급이 지배하는 불평등사회였다. 따라서 마르크스주의에서 시민사회는 해체해야 할 부정적 대상이었다. 마르크스주의적 관점은 안토니오 그람시(Antonio Gramsci), 존 킨(John Keane), 데이비드 헬드(David Held) 등을 거치면서 포스트마르크스주의적 시민사회를 형성한다. 포스트마르크스주의는 시민사회의 자율성 확대와 대항 헤게모니의 형성을 통해 자본주의체제의 극복을 목표로 삼는다. 오늘날 다수 이론이 된 다원주의적 관점은 시민사회를 국가와 경제의 체계에 저항하여 자율적인 공론이 일어나고 문화적 재생산이 이루어지는 생활세계로 본다. 하버마스를 비롯하여 진 코언(Jean Cohen)과 앤드루 어레이토(Andrew Arato)가 이러한 관점을 지지한다.

시민사회를 정의하기 위해서는 우선 그 주체를 확인해야 한다. 우리가 시민사회라고 할 때, 거기에는 시민사회를 표상하는 시민이 있다.

시민이라는 개념은 역사적 실체를 가진 것으로서 시대에 따라 변화를 겪어왔다. 고대 사회에서 시민은 사적인 경제적 이해관계를 떠나 폴리스(polis)에서 정치에 참여하는 특수 계층이었다. 이후 잠복상태에 있던 시민은 중세 말 계몽주의의 등장과 함께 부활했는데, 이때 시민은 주로 봉건영주로부터 자유로운 도시의 상공인이었다. 근대에 들어와서 시민혁명의 선구가 된 시민은 국가로부터의 자유와 경제적 권리를 주장하는 부르주아였다. 오늘날 시민은 정치 공동체의 주체로서 권리와 의무를 가진 모든 법적 구성원을 말한다. 이른바 시민의 계급적 성격이 탈색되어버린 것이다. 그렇다고 모든 사람이 시민사회를 표상하는 시민은 아니다. 시민사회의 시민은 단순히 사적 이익을 추구하는 공리적 인간이 아니라, 민주주의의 작동 원리를 이해하고 공동체의 발전을 실현하기 위해 적극적으로 참여하고 실천하는 사람을 말한다. 나아가 권력과 자본의 압력에 굴하지 않고 이를 제압하고 순화해 품격 있는 삶을 위한 시민문화를 구성하는 주권자가 진정한 시민사회의 시민이라고 할 수 있다.

경험적 의미와 규범적 의미, 자유주의적 전통과 공화주의적 전통을 동시에 포착하는 시민사회의 시민은 일정한 시민성을 지니지만, 일차적으로는 자율적인 존재라는 데 방점이 찍혀 있다. 따라서 이 자율적 시민이 자신의 의지에 따라 구성하는 결사체가 시민사회의 핵심이다. 시민사회에는 일일이 다 나열할 수 없을 정도로 많고 다양한 결사체가 있다. 그야말로 정부와 기업을 뺀 거의 모든 결사체가 시민사회에 속한다고 할 수 있다. 사람들은 시대적 요청, 사회적 이슈, 전통적 관습, 개인적 이익, 사적 취미 등에 따라 같은 선호와 사상을 가진 사람끼리 결사체를 만든다. 물론 시민사회의 결사체는 정적인 구조물이 아니라 인간의 의지를 추동하고 욕구를 충족하는 역동적인 활동 과정이다. 따라서 결사체의 활동은 자율적 공론장(public discourse)을 통한 여론 형성, 대의를 향한 시민운동 전개, 다차원적 네트워크(network) 구성 등과 같은 다양한 문화 양식을 산출한다. 이러한 문화 양식은 국가나 시장과는 다른 가치를 생산하고 보지한다. 이렇게 본다면 시민사회는 행위 주체로서의 시민, 시민들의 결사체, 결사체가 산출하는 문화, 문화 속에 배태하는 가치를 모두 포함한다.

시민사회란 규칙과 법률을 제정하고 질서를 유지하는 국가도 아니고, 사적 이익을 추구하기 위한 생산관계·교환관계가 이루어지는 시장도 아니면서, 국가와 시장 바깥에 있는 다양한 사회적 관계와 제도라고 할 수 있다. 즉, 시민사회는 시민들이 자발적 결사체를 구성하여 협력과 연대의 규범 속에서 공공의 가치를 생산하는 곳을 말한다. 따라서 일련의 집합행동과 문화생활을 통해 사회의식과 이데올로기가 형성되고, 지식 획득과 문화 전수가 이루어지며, 사회 통합을 위한 사회화와 재생산이 일어난다. 물론 시민사회는 다양한 가치와 세력의 집합소이기 때문에 평화로운 곳만은 아니다. 그래서 이데올로기의 대립과 분열이 일상적으로 일어나고, 다양한 세력 간에 헤게모니 투쟁이 빈번하게 일어난다.

시민사회에서 개인은 서로 공통의 주제로 소통하고, 개인이나 집단 간에 각종 네트워크가 형성되며, 문제를 해결하기 위한 공동 행동이 일어난다. 물론 이러한 문화적 현상은 지역과 국경을 넘어 세계로 확장되고, 인간 간의 교류를 넘어 자연으로 나아가며, 육체적 차원을 넘어 정신적 영역으로 침투한다. 시민사회가 이러한 문화와 가치를 내포하고 있기 때문에 그 속에 있는 사람들은 스스로 조직을 만들어 이니셔티브(initiative)를 행사한다. 다층적인 공론장을 형성하여 다양한 의견을 표출한다. 공동체의 일에 적극적으로 참여하고 타인에 대해 진중한 책임을 진다. 또한 시민사회에서 사람들은 자신의 잠재력을 계발하고 개성을 실현해간다. 유연한 조직 속에서 제약받지 않는 사유를 한다. 새로운 것을 실험하고 미지의 세계를 탐구한다. 이런 분위기 속에서 사람들은 함께 모여 노래를 부르고 시를 낭송하고, 동물을 보호하고 야생화를 찾아 나서며, 사회적 약자를 지원하고 생명의 심층에 잠재해 있는 영성을 일깨운다.

3. 한국 시민사회의 개념화

시민사회는 보편적으로 정의될 수 있는 것이 아니며, 국가와 개인에 따라 시민사회를 바라보는 관점이 다르다. 예를 들어 복지다원주의(welfare pluralism)하에서 알렉시 드 토크빌(Alexis de Tocqueville)의 전통을 이어받은 미국의 시민사회는 국가의 간섭 없이 각종 사회 서비스를 생산하고 민주주의의 시민문화를 형성하는 곳이다. 복지국가가 발달한 서유럽에서 시민사회는 신조합주의의 병폐와 실업을 극복하는 사회적 경제의 특성이 강하다. 동유럽에서 시민사회는 공산주의에서 이탈하고 민주주의가 진척되도록 각종 결사체가 공론을 벌이는 자율적인 정치공간이다. 남미와 아시아에서 시민사회는 권위주의국가의 억압에 저항하여 민주화를 성취하는 집합적 행위자로 여겨진다. 아프리카와 아시아의 저개발국에서 시민사회는 선진국의 지원을 통해 각종 사회 개발을 추진하고 자력으로 생존 문제를 해결하는 주체로 간주된다. 압축혁명을 통해 민주주의와 경제 성장을 성취한 한국의 시민사회에는 세계 각국의 시민사회 의미가 복합적으로 투영되어 있다.

시민사회의 개념 틀에는 시민권, 자발성, 공공성, 다원성, 공동체, 사회자본, 시민성, 시민 참여, 공론장, 인권, 자원봉사, 사회적 경제, 자치 권력 등과 같은 개념이 내포되어 있다. 특히 한국에서는 민주화를 위한 집합행동, 시민 권리의 옹호, 공공 서비스 생산, 사회적 약자의 지원, 참여민주주의의 정치적 토대, 사회자본의 생성, 시민윤리의 정립, 자기 생존을 위한 자력화, 국제 협력과 원조활동, 대안사회의 실험 등과 같은 요소가 시민사회에 투영되어 있다. 서구 사회와 마찬가지로 한국 사회에서도 시민사회는 역사적으로 근대적 생활 양식과 의식 구조를 내포하고, 구조적으로 국가와 개인 사이의 자율적 결사체와 공론장의 영역을 말한다. 이렇게 본다면 한국 시민사회는 국가로부터의 자율성을 확보하기 위한 언론·집회·결사 등 기본적 시민권이 보장되는 제도적 장치를 포함한다. 그리고 국가 권력과 시장자본을 견제하고 공공 서비스를 생산하는 역할을 수행한다. 또한 윤리적·문화적 이데올로기가 생산·재생산되는 영역으로서 일정한 자기정당성을 가진다.

한국 시민사회는 〈그림 1-3〉에서 보는 바와 같이, 법적·기능적·문화적 성격을 동시에 지니는 다차원적 개념이다. 따라서 한국 시민사회는 위에서의 시민사회(시민권 보장)와 아래에서의 시민사회(국가와 시장 견제, 공공 서비스 생산)의 이중적 이미지를 가지고 있다. 또한 국가로부터

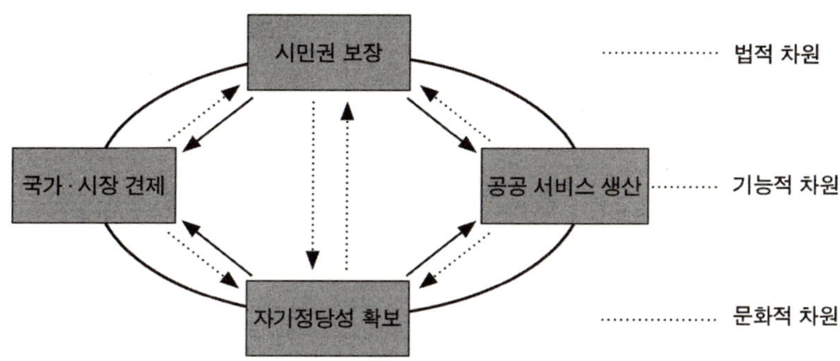

의 자율(시민권 보장), 시민사회에 의한 국가 및 시장의 변혁(국가와 시장 견제), 시민사회의 자율적인 사회 문제 해결(공공 서비스 생산), 시민사회의 윤리적 성숙(자기정당성 확보) 등을 통합적으로 내포하고 있다. 물론 개념 틀을 구성하는 각 요소의 관계는 화살표 방향과 종류에서 나타나는 바와 같이, 상호 영향력에서 차이가 있다.

앞서 지적한 것처럼 시민사회가 다차원적 개념으로 다양한 요소를 내포하기는 하지만, 시민들이 자율적으로 결성하는 각종 결사체가 핵심이다. 시민사회에는 다양한 비영리단체(NPO)가 있다. 공익을 추구하는 결사체가 있는가 하면, 집단이익을 추구하는 결사체도 있다. 외부에 개방적인 단체가 있는가 하면, 배타적인 단체도 있다. 정치적 성격이 강한 단체가 있는가 하면, 비정치적인 성격을 띠는 단체도 있다. 정부에 협력적인 단체가 있는가 하면, 정부와 대결하는 단체도 있다. 기관처럼 직원을 고용하여 서비스를 생산하는 단체가 있는가 하면, 회원 조직으로 이루어진 단체도 있다. 기능이나 활동 영역에서도 다양하다. 크게 본다면 〈표 1-2〉에서 보는 바와 같이 8개 영역으로 나눌 수 있다. 시

〈표 1-2〉 한국 비영리단체(NPO)의 분류

구분			주요 단체
목적	조직 유형	활동 영역과 기능	
공익 단체	기관형 조직	의료·보건단체	종합병원, 정신병원, 요양원
		교육·연구단체	초등·중등·고등사립학교, 직업학교, 연구소
		복지 서비스단체	양로원, 탁아소, 고아원, 직업훈련소, 복지관, 모자보호소, 청소년수련원
		예술·문화단체	박물관, 미술관, 극장, 오케스트라, 레크리에이션단체
집단이익 추구 단체	회원 조직	시민단체	환경단체, 소비자단체, 여성단체, 장애인단체, 자원봉사단체, 국제 원조단체, 5모금단체, 생협
		종교단체	불교·기독교·가톨릭교 등 각종 종교단체
		직능단체	상공회의소, 전경련, 변호사협회, 의사협회
		친목단체	컨트리클럽, 동창회, 향우회, 화수회, 상조회

민사회의 각종 결사체 중에서 시민단체는 공익을 추구하는 회원 조직으로서 시민적 결사의 성격이 강하다.

시민사회의 다양한 결사체 중에서 주도적인 역할을 하거나 시민사회의 정체성을 대변하는 단체는 각 국가의 사회구조와 문화에 따라 다르다. 한국에서는 시민단체가 시민사회를 대변하는 경향이 강하다. 한국 시민사회가 1987년 6월항쟁 이후 민주화와 함께 본격적으로 성장하면서 국가의 민주화와 시민 권리를 옹호하는 역할을 강조해왔는데, 이러한 역할을 수행한 것이 바로 시민단체였기 때문이다. 한국에서 시민단체는 NGO(nongovernmental organization)와 상응하는 개념으로 사용된다. NGO는 시민사회의 다양한 결사체 중 하나로, 자율성·자원성·공공성·연대성·국제성 등의 특성이 강하다. NGO는 〈그림 1-4〉에서 보는 바와 같이 시민의 자발적 참여, 회원가입의 비배타성, 자원활동에 의한 사업수행, 공익 추구 등과 같은 개념적 요소를 포함한다. 따라서 한국

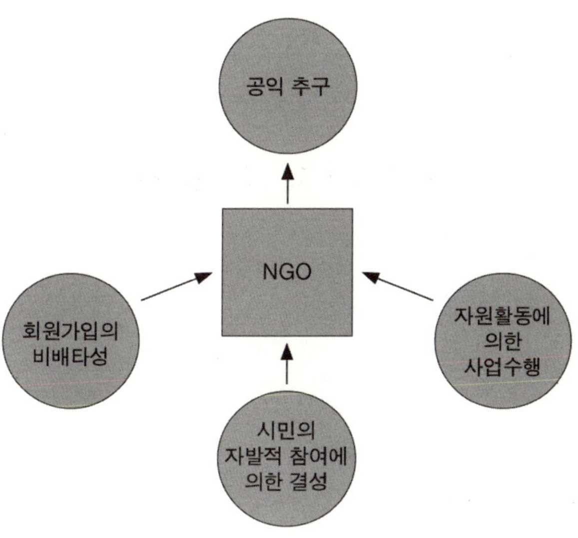

〈그림 1-4〉 한국 NGO 개념도

에서 NGO는 비정부·비정파·비영리 결사체로 시민의 자발적인 참여로 결성되고, 회원가입에 배타성이 없으며, 주로 자원활동에 의해 공익을 추구하는 단체로 규정할 수 있다. 한국의 NGO는 환경, 인권, 평화, 복지, 문화, 여성, 국제 원조, 대안사회 등의 다양한 영역에서 활동하고 있는데, 이 책에서는 한국 시민사회를 시민단체 혹은 NGO를 중심으로 살펴보기로 한다.

시민사회의 발전 역사

1. 근대성의 산물

시민사회는 근대성을 대표하는 국가와 시장이라는 제도 바깥의 자율적인 결사체 영역이라는 점에서 근대적 산물이다. 그러나 인류 역사를 더듬어 올라가 보면 시민사회는 아득한 옛날에도 존재했음이 틀림없다. 고대 사회에서도 인류는 각종 결사체를 만들어 개인이나 가족의 차원을 넘는 일상생활의 다양한 문제를 해결했다. 예를 들어 기원전 4세기 그리스의 아리스토텔레스(Aristoteles)는 일정한 자격을 갖춘 시민들이 자기결정 원리를 구현할 수 있는 폴리스를 문명화된 사회의 핵심으로 간주했는데, 이것은 단지 개인의 집합체가 아니라 각종 결사체를 포괄하는 최상위 결사체였다. 그 시대에도 인간이 추구하는 각종 목적을 달성하기 위해 결사체가 필요했을 것이다. 같은 시기 동양에서는 중국의 맹자(孟子)가 성선설에 기초하여 현실의 모순을 극복하고 자기를 완성하기 위해 선(善)을 확충하는 것을 중시했는데, 그의 민본사상에서 본다면 그것은 숲 속에서 홀로 절대자와 대결하는 것이 아니라 소시민들이 살아가는 일상생활에서 이루어졌음이 틀림없다. 그가 닿으려고 했던 호연지기는 결국 일상에서 모든 인간이 보유한 윤리적 능력을 고양함으로써 도달할 수 있었기 때문에, 이를 실현하는 수단인 각종 결사체의 활동은 생활의 중심을 차지했을 것이다. 다만 국가 또는 다양한 유형의 정치체와 시민사회 간에 실질적 구분이 명확하지 않았고, 시민사회라는 독립된 개념이 확립되지 않았을 뿐이다.

이처럼 시민사회는 국가와 시장 이전에 발생하여 오랫동안 인간생활과 함께해왔다. 그러나 근대 이전에 시민사회가 존재했다고 하더라도 시민사회가 근대 정신을 대변하는 지극히 근대적인 현상임은 부인할 수 없다. 따라서 시민사회는 근대 이후 활성화되었다고 할 수 있다. 이런 점에서 시민사회는 서구 사회에서 발생했고, 서구 사회의 전유물처럼 여겨졌다. 우리가 말하는 근대는 바로 서구의 근대를 지칭하기 때문이다. 실제로 서구에서 근대국가의 등장으로 국가 바깥 시민사회의 실체에 대한 논의가 활발했던 것과는 대조적으로, 그 시대 동양에서는 시민사회를 원시적이고 무정형적인 어떤 것, 즉 명확하게 규정할 수 없는 것으로 간주했을 뿐만 아니라 진보된 사회의 요소로도 간주하지 않는 경향이 강했다.

서구의 근대는 과거와의 단절을 통해 새로운 세계를 추구했는데, 이것은 무엇보다도 중세적 전통에서의 해방과 자유로운 경제활동의 보장이 핵심이었다. 그러나 인간 이성의 개발과 합리성의 증대를 통해 지적 해방을 추구하고, 과학 기술에 대한 지식 축적을 통해 물질적 풍요를 달성하는 것은, 국가가 없는 자연상태에서 가능한 것이 아니었다. 이것이 바로 근대가 국민국가의 발달과 함께할 수밖에 없는 이유이다. 물론

17세기 말부터 시작하여 18세기까지 유럽에서 국민국가가 탄생하는 시대에 개인의 자유를 보장하는 것은 국가 바깥에 위치한 시민사회의 활동으로 가능했다. 근대적 시민이었던 부르주아는 민주주의를 성취하기 위해 국가 바깥에 다양한 직업조직·노동조합·문화단체 등을 결성하고, 신문·잡지와 같은 매체나 살롱·커피하우스와 같은 장소에서 여론을 형성했다. 이처럼 근대에서 시민사회는 일차적으로 국가에 저항하고 국가 권력으로부터 개인의 자유를 보호하는 공간이었다.

국가로부터 개인의 자유와 권리를 보장하는 것을 핵심으로 하는 근대 시민사회의 역할은 19세기와 20세기까지 이어진다. 19세기 서구 산업사회에서조차 개인의 자유는 여전히 제한되어 있었고, 보편적인 법을 통해 공평하게 시민권을 보장하는 문제는 각종 사회적 갈등의 초점이었다. 따라서 국가에 대항하고 국가에 시민권을 요구하는 시민사회의 활동이 계속되었다. 20세기에 들어와서는 그람시의 시민사회론에 잘 나타나듯이, 시민사회는 국가의 지배계급에 대항하는 노동자계급의 대항 헤게모니의 잠재력을 지닌 영역이었다. 물론 1830년대 미국을 방문한 토크빌의 『미국의 민주주의(De la démocratie en Amérique)』(1835~1840, 2권)에서 알 수 있듯이, 시민사회는 국가와 시장이 제공하지 못하는 각종 공공 서비스를 생산하고 개인의 다중적 욕구를 충족하는 시민협력의 영역이기도 했다. 특히 작은 정부를 지향하고 국가 권력의 확장을 경계했던 미국에서 시민사회는 의료·교육·복지·문화·재난구호 등의 영역에서 국가가 제공할 수 없는 각종 공공 서비스를 생산하고 다양한 사회 문제를 해결하는 역할을 떠맡았다.

이처럼 시민사회는 근대의 등장 이후 국가 권력에 대한 견제를 통해 개인의 권리를 옹호하고, 국가가 제공하지 못하는 각종 공공 서비스를 생산하는 역할을 떠맡으면서 발달했다. 근대가 지향한 국가 권력의 견제, 개인의 자유, 다원적 가치의 실현 등은 이를 주도할 시민계급의 성장으로 가능했는데, 이러한 시민계급은 시민사회의 발달로 확산되었다. 이렇게 본다면 인류 역사에서 수백 년 동안 지속된 근대 프로젝트는 시민사회의 발달 없이는 불가능했다고 할 정도로, 시민사회는 근대 문명에서 중요한 위치를 차지한다.

2. 1980년대의 분출

18세기 이후 근대 문명의 등장으로 시민사회가 본격적으로 발달하기 시작하면서 존 로크(John Locke), 애덤 스미스(Adam Smith), 애덤 퍼거슨(Adam Ferguson) 등과 같은 영국, 특히 스코틀랜드 계몽사상가를 비롯하여 볼테르(Voltaire), 토머스 페인(Thomas Paine), 장 자크 루소(Jean Jacques Rouseau) 등과 같은 근대 정치사상가들은 시민사회에 대해 연구하고 논의했다. 이러한 연구와 담론은 19세기 프랑스의 자유주의자 토크빌에 와서 독재의 출현을 방지하고 민주주의가 발전되는 핵심적인 제도로 여겨졌다. 이후 시민사회론은 다소 잠잠하다가 20세기 초 이탈리아의 사회주의 혁명가인 그람시에 와서는 사회주의혁명을 성취하기 위한 전략적 도구이자, 혁명의 성취 이후 정치사회를 흡수하고 윤리적 국가를 구성하는 핵심적인 제도로 간주되었다. 특히 사회주의자에게 그람시의 시민사회론은 마르크스의 경제환원론과 역사주의의 한계를 극복하고 사회주의혁명을 성취할 수 있는 실질적인 대안이었다.

그런데 아이러니컬하게도 그람시 이후 세계지성사에서 시민사회에 대한 담론은 침잠한다. 물론 그람시의 시민사회론은 시대적 환경 적합성에서 한계가 있다. 그람시 이후 서구 역사는 세계대전의 비극, 경제 재건, 스탈린 억압 등으로 신체의 안전과 일상의 생계를 보전하는 것이 사람들의 긴급한 과제였기 때문에 시민사회를 통한 개인의 자유의 확보나 사회주의혁명의 성취는 오히려 부차적인 것이었다. 그리고 그람시가 제시한 시민사회론은 이론적으로도 한계가 있다. 그람시의 시민사회론은 계급의 지배 구조를 설명하는 데 초점을 두었기 때문에, 시민사회를 일차적으로 공산당을 중심으로 하여 사회주의혁명을 성취하는 헤게모니 장치로 인식했다. 따라서 개인의 자유의 성취와 다원적 가치의 실현을 원하는 많은 자유주의 국가에서 그의 시민사회론은 이론 적합성을 가지지 못했다.

1930년대 이후 사라진 시민사회론은 1980년대 서구 사회과학계에서 극적으로 부활했다. 그것은 마치 땅속에 묻힌 거대한 보석을 캐낸 듯이 화려하게 모든 사람을 비추었고, 세계 모든 사람의 입에 오르내렸다. 1980년대 이후 서구 사회에서 시민사회에 대한 담론이 확대되고 시민사회가 급속하게 발달한 데는 여러 가지 이유가 있다. 우선 서유럽에서 1950년대 이후 황금기를 구가한 복지국가가 1970년대에 위기를 맞아 국가·자본·노동 간에 형성된 대타협이 와해되고 각종 복지가 축소되었다. 이러한 국가주의 프로젝트의 한계를 보완하여 공생산(coproduction)이나 파트너십(partnership) 원리에 따라 각종 공공 서비스를 생산한 것이 시민사회의 각종 결사체였다. 이후 복지국가를 뒷받침한 국가 개입

주의의 쇠퇴로 신자유주의가 부상했는데, 이번에는 시민사회가 신자유
주의의 확산에 따른 각종 사회 문제를 해결하는 역할을 맡았다. 특히 신
자유주의는 세계화 혹은 지구화의 확산으로 증폭되었는데, 시민사회는
세계화의 국면에서 권력을 행사하는 초국적 기업을 견제하는 역할을 담
당했다. 한편 남아메리카·아시아·아프리카 등 개발도상국에서는 1980
년대 이후 세계화의 영향으로 민주주의에 대한 요구가 폭발했다. 이러
한 민주화에 대한 요구는 당연히 시민사회 내의 조직화와 여론 형성을
통해 이루어졌다.

1980년대 이후 시민사회가 폭발적으로 성장한 원인에는 국가주의
프로젝트의 한계, 신자유주의에 대한 대응, 민주주의의 세계적 확산 등
과 같은 요소 외에 중요한 요소가 두 가지 더 있다. 하나는 세계화에 따
른 국가 간 및 개인 간 불평등, 민주주의 파괴, 공동체적 문화 붕괴 등
과는 별도로 환경·평화·인권·여성·빈곤·난민구호 등과 같은 인류 공통
문제의 등장이다. 이러한 문제는 국가 차원에서 해결하기 어려울 뿐만
아니라, 세계의 국가가 연합한 유엔(UN)에서 해결하는 데도 한계가 있
다. 이러한 문제를 해결하는 데는 각종 NGO의 활동이 필요하고, 글로
벌 차원의 거버넌스가 필요했다. 다른 하나는 근대성에 대한 비판을 통
한 인간 실존의 확립이다. 서구 사회에서는 1960년대 이후 모더니티-
포스트모더니티(post-modernity)의 논쟁이 심화되었다. 따라서 근대 이
성에 의해 도구화된 삶을 성찰하고 인간의 삶을 새롭게 구성하려는 노
력이 활발하게 일어났다. 특히 물질 중심의 서구 근대 문명에 대한 자
각을 통해 정신적 가치를 실현하고 삶의 의미를 재생산하는 문화적 토
대로 시민사회를 재인식했다.

오늘날 시민사회는 전 세계에서 사람들의 입에 오르내리며 시민들의 관심을 끌고 있다. 이것은 곧 시민사회가 민주주의 발전, 복지사회 실현, 지구 공통 문제 해결, 인간 실존의 정체성 확립 등에 필수임을 의미한다. 지금 세계 곳곳에서는 독재 권력으로 인권이 침해당하고, 각종 불평등과 차별이 일어나며, 다양한 사회적 갈등이 빚어지고 있다. 또한 기아와 빈곤에 허덕이는 나라들은 당장 생계를 유지해야 하는 긴급한 과제를 안고 있다. 그런가 하면 정치적 자유와 경제적 풍요를 누리고 있는 나라에서도 일상적 삶에 허무를 느끼고 심각한 정신적 아노미를 겪기도 한다. 이 모든 문제는 결국 국가와 시장이 해결할 수 없는 것으로, 시민사회라는 제도를 구축하고 활성화해야 하는 이유를 말해준다.

좀 더 인간 실존의 근원으로 돌아가 인간의 본질을 탐색하고 인간생활의 이상을 생각해보면, 시민사회가 얼마나 중요한가를 느낄 수 있다. 모든 사람은 신분이나 능력에 관계없이 창의와 상상이 돋아나는 생활 속에서 자신의 잠재력을 계발하고, 생명 본래의 존엄을 실현하려고 고군분투한다. 그런데 이것은 단지 권력을 획득하고 소유를 증대하는 경박한 차원의 역사 방향 또는 역사 종말로써 실현되는 것이 아니다. 그것은 인간 스스로 자신의 정신적 능력에 대한 새로운 발견, 타자에 대한 초월적 시각, 삶의 능동성을 심오하게 구성하는 노력 등으로 가능하다. 시민사회는 바로 정신적 존재인 인간이 자기를 완성하기 위해 사고와 행위를 새롭게 구성하려고 할 때, 그것을 구체적으로 보장해주는 철학적 토대이자 현실적 장치이다. 이처럼 현대의 시민사회는 좋은 삶(good life)을 살고자 하는 모든 사람이 모든 것을 거친 후 최후에 귀착하는 안식처라고 할 수 있다.

3. 한국 시민사회의 발전

한국은 시민사회의 발전에서 정치 발전이나 경제 성장만큼 극적인
변화를 겪었다. 오늘날 한국인은 저마다 시민사회를 언급하고, 시민사
회에 기대하며, 시민사회 속에서 살아간다. 세계인들도 한국 시민사회
를 경이적인 눈으로 바라보고 있다. 한국 시민사회의 형성 시기에 대해
서는 학자마다 의견이 분분하다. 근대사상이 태동하기 시작한 구한말,
일본 식민통치하에서 국가에 대한 저항이 일어난 3·1운동 전후, 그리고
각종 결사체가 분출하던 해방 정국 등을 한국 시민사회의 초기 단계로
보는 사람도 있다. 그러나 시민사회가 형성되기 위해서 무엇보다도 기
본적인 시민권이 보장되고 시민운동을 주도할 계층이 있어야 한다는
점에서, 한국 시민사회는 1960년대 산업화와 함께 형성되기 시작했다
고 볼 수 있다. 한국의 산업화가 국가 주도로 이루어졌고, 이러한 산업
화로 신중간계층이 탄생했으며, 이들 신중간계층에 의해 국가에 대한
저항이 일어났다는 점에서 한국 시민사회는 자율성에서 한계가 있다.
국가의 일정한 역할에 기초하여 시민사회가 이루어진 경향이 강했다.

그러나 이러한 상황은 1980년대에 오면서 달라진다. 특히 1987년 6
월항쟁으로 군부 권위주의가 물러나고 정치적 민주화가 진행되면서 시
민사회에 많은 결사체가 등장했다. 6월항쟁 이후 민주주의가 발달하면
서 언론·출판의 자유나 집회·결사의 자유와 같은 시민권이 보장되었기
때문이다. 시민들은 시민사회에서 다양한 결사체를 형성하고, 상호 연
대를 통해 국가 권력을 견제하고 시민 권리를 주장했다. 그리고 국가가
시민들의 요구를 충족하지 못하자 자원활동과 공동 협력을 통해 공공

〈표 2-1〉 1987년 이전 한국 시민사회의 발전

시기 구분	시민사회 구성 요소			
	시민권 보장	국가·시장 견제	공공 서비스 생산	자기정당성 확보
1945년 이전	×	△	×	×
1945년 이후	△	△	×	×
1962년 이후	△	△	△	(△)
1987년 이후	○	○	(○)	△

주: ○ 상당히 있음, △ 약간 있음, × 거의 없음을 뜻한다. 괄호는 그 수준에 미치지 못함을 의미한다.

서비스를 직접 생산했다. 또한 시민사회는 자율적이고 개방적이며 스스로 내적 민주성과 공평성을 유지하려고 노력했다. 국가 내에서 법치주의가 제대로 작동하지 않고 시장의 공정성이 제대로 지켜지지 않는 상황에서 시민사회는 새로운 윤리를 모색하고 공동체적 가치를 재생산하는 노력을 지속했다. 물론 국가와 시장의 정당성이 제한된 상황에서 시민사회의 자기 윤리는 일정한 한계가 있다.

1945년 일본 식민통치에서 해방, 1962년 산업화 시작(제1차 경제개발 5개년계획 시작), 1987년 6월항쟁을 기준으로 한국 시민사회의 개념 틀을 구성하는 4개 요소, 즉 시민권 보장, 국가·시장 견제, 공공 서비스 생산, 자기정당성 확보 등 한국 시민사회의 발전을 정리하면 〈표 2-1〉과 같다. 이렇게 본다면 한국 시민사회는 1945년 해방 이전이나 해방 이후나 제대로 발전하지 못했다. 그러다가 1960년대에 국가 주도의 산업화가 진행되면서 시민사회가 형성되기 시작하여, 1987년 6월항쟁 이후 민주화가 진척되면서 본격적으로 발달했다고 볼 수 있다. 물론 1987년 이후에도 시민권의 보장이나 국가·시장 권력의 견제 기능과 달리, 공공 서비스의 생산, 특히 자기정당성 확보의 측면은 상대적으로 발전되지 못했다.

1987년 6월항쟁 이후 1987년에 여성민우회, 1989년에 경제정의실천시민연합(경실련)과 같은 NGO가 결성되었다. 특히 경실련은 지식인의 전문 능력을 통해 사회의제를 개발하고 정책을 제안하는 뛰어난 힘을 보여주었다. 이러한 능력을 통해 여론을 형성하고 개혁정책을 적극적으로 추진했다. 공직자윤리, 금융실명제, 정치개혁, 지방자치제 등과 같은 중요한 정책은 이때 경실련을 중심으로 한 NGO들이 제기했다. 1990년대에는 환경운동연합(1993년), 참여연대(1994년), 녹색연합(1994년) 등과 같은 대형 NGO가 결성되었다. 이 외에도 많은 결사체가 결성되었는데, 특히 국가 권력을 감시하고 정책을 개발하는 주창활동(advocacy) NGO가 급속하게 늘어났다. 이러한 단체들은 다양한 사회의제에 대해 공론장을 형성하고, 국가 권력과 시장 권력을 견제하는 역할을 수행했다. 다른 한편에서는 국가에서 위임을 받아 공공 서비스를 생산하고 사회적 갈등을 조정하기도 했다. 물론 김영삼 정부에서 시민사회는 국가에 포섭되기도 했다.

1990년대 후반에 정권 교체가 이루어지고 다소 진보적인 정권이 등장하자, 시민운동의 영역이 확장되고 분화되기 시작했다. 따라서 시민사회에서 공공 서비스를 생산하는 능력이 증대했고, 이러한 과정에서 정부와 시민사회 간에 파트너십과 거버넌스도 활성화되었다. 특히 2002년 한일월드컵을 계기로 자원활동이 폭발적으로 늘어났으며, 이주노동자가 증가하고 다문화가족이 늘어남에 따라 사회적 약자나 소수자를 위한 시민운동도 활발하게 전개되었다. 2000년대 중반에는 서비스를 생산하는 단체가 주창단체를 추월할 정도로 각종 복지 서비스의 생산이 활발해졌다. 그리고 NGO의 수가 늘어나고 시민운동이 분화되면서 생활의 미시적인 영역에 대해서도 운동이 일어났다. 예를 들어 외국노동자의 인권보호나 유기농산물의 보급뿐만 아니라 야생동물보호를 위한 올가미 제거, 명절날 남녀 가사노동 분담, 희귀병 환자를 위한 문화 기획, 유산 물려주지 않기 등과 같은 시민운동도 전개되었다. 물론 노무현 정부가 진보적인 색채를 띠고 일종의 소수자 민주주의의 형식을 갖춤에 따라 시민사회가 보혁 갈등으로 분열되기도 했다.

한국 시민사회는 2008년 이명박 정부의 등장으로 전환점을 맞이한다. 이명박 정부는 김영삼 정부 이후 지속된 민주주의의 발전을 실질적 민주주의로 계승하지 못하고 신(新)발전 민주주의의 형태를 띠었다. 따라서 관료제적 정책 결정이 중시되고, 경제 성장이 국정운영의 핵심을 차지했다. 당연히 시민사회를 제대로 이해하지 못했으며, 국가 발전을 위해 전략적으로 활용하지도 못했다. 특히 집권 초반에 촛불집회로 국가와 시민사회는 단절되었고, 심지어 시민사회의 활동을 억압하는 다양한 정책을 실시했다. 이렇게 되자 시민사회에 대한 담론이 급격하게 줄어들었고, 시민사회의 활동도 위축되었다. 보수적인 단체가 주도권을 확보했지만 국가 권력을 제대로 견제하지 못했고, 거버넌스가 쇠퇴하면서 시민사회에 의한 공공 서비스 생산도 줄어들었다. 이러한 상황에서도 특이하게 대안사회운동이 활성화되는 경향이 있었다. 그래서 소공동체와 생활협동조합(생협)을 비롯하여 지역화폐, 공정무역, 로컬푸드, 마을만들기, 착한여행, 명상과 요가 등의 영역에서 시민운동이 활성화되었다. 그리고 국제사회에서 한국의 영향력이 증대함에 따라 국제 협력을 위한 지원이 강화되어 각종 국제 원조활동이 증가했다.

〈표 2-2〉1987년 이후 한국 시민사회의 발전

대통령	집권 시기	정부의 성격	시민사회의 특징
노태우	1988~1993년	제한된 민주주의	각종 시민단체의 분출, 공론장의 활성화, 시민단체의 인지도 증대, 정부에 대한 영향력의 확대
김영삼	1993~1998년	이행기 민주주의	국가의 시민사회 포섭, 정책 과정에 대한 참여 증대, 갈등 조정 역할 강화
김대중	1998~2003년	절차적 민주주의	시민운동 영역의 확장, 시민운동의 분화, 공공 서비스 생산의 확대, 정부와의 파트너십 및 거버넌스의 활성화
노무현	2003~2008년	소수자 민주주의	정부와의 협력과 공조 활발, 소수자 권리 옹호, 시민사회의 보혁 대결, 시민사회의 분화와 분열
이명박	2008~2013년	신발전 민주주의	국가의 시민사회 무시·억압, 주창활동의 쇠퇴, 대안 사회운동의 성장, 국제 원조활동의 활성화

1987년 6월항쟁 이후 노태우 정부부터 2012년 이명박 정부 말기까지의 시민사회 특징을 정리하면 〈표 2-2〉와 같다.

2012년 현재 한국 시민사회는 정부와의 소통이 단절되고 기업과의 협력이 쇠퇴한 상태이지만, 그런 가운데서도 수많은 NGO가 다양한 영역에서 활동하고 있다. 현재 한국에는 약 4만~5만 개의 NGO가 있는 것으로 추정된다. 그리고 비영리병원과 사립학교부터 직능단체와 친목단체에 이르기까지 시민사회의 각종 비영리단체(NPO)는 국내 총생산(GDP)의 5%, 전체 고용의 7% 정도를 차지하는 것으로 추정된다.

한국 시민사회의 특수성

2002년에 아시아 시민사회를 비교적 관점에서 논의하기 위한 국제 학술세미나가 서울에서 열렸다. 이 세미나에서 예상하지 못한 일이 일어났다. 아시아 각국에서 참여한 시민사회 혹은 NGO 연구자들은 하나같이 한국 시민사회의 역량에 대해 찬사를 늘어놓기에 바빴던 것이다. 따라서 아시아 각국 시민사회의 특성을 파악하려고 한 한국 연구자들은 한국 시민사회에 대한 외국 학자들의 질문에 응답하기에 바빴다. 물론 2000년 총선시민연대의 활동이 세계적으로 알려지고, 유엔에서 그해 최고의 시민운동으로 선정된 영향도 있었다.

2004년에 필자가 일본 시민사회를 방문했을 때도 똑같은 일이 벌어졌다. 일본 시민사회는 1860년대 메이지유신으로 토대가 형성되었으며, 1945년 태평양전쟁의 패망에 따른 국가주의의 쇠퇴, 고도 경제 성장, 노동운동 활성화 등을 통해 본격적으로 발달하기 시작했다고 보면, 그 역사가 한국보다 40년이나 길다. 그렇지만 일본 시민사회는 국가 권력 견제, 공론장 형성, 사회의제 개발 및 정책 제안 등에서는 한국보다 뒤져 있다. 시민사회의 활동가들은 이러한 사실을 인정하면서 한국 시민사회의 역동성을 부러워했다. 심지어 한국에 NGO 대학원이 있고, 시민사회 신문이 있으며, NGO 전문 출판사가 있다는 사실에 대해 매우 놀랍다는 표정이었다. 8년이 지난 2012년에 다시 일본 시민사회를 방문했다. 일본 시민운동은 자원활동, 복지 서비스 생산, 협동조합운동, 마을만들기 등에서 매우 활발하다. 그럼에도 2011년 한국 시민사회가 시민사회 후보 박원순을 서울시장에 당선되게 한 것에 또 한 번 놀란 마음을 감추지 못했다. 거대담론이 빈곤하고, 주로 미시적인 문제에 매달리는 일본 시민사회에서는 이러한 정치적 행동이 불가능하다.

한국 시민사회는 시민 참여, 기부금과 봉사활동, 지방 시민사회 성장, 대안사회 모색 등에서 한계가 있지만, 짧은 역사에도 아시아에서 가장 끈기 있고 역동적인 활동을 보여주고 있다. 따라서 한국 시민사회는 아시아 혹은 세계 시민사회의 일원이지만, 세계 시민사회에서 찾아보기 힘든 독특한 특성과 위상을 차지하고 있다. 여기서는 한국 시민사회의 역동성과 역량을 주로 기능적 차원에서 살펴보기로 한다.

1. 시민사회의 정치화

민주주의는 현대사회의 보편적인 정치제도이다. 오늘날 사람들은 지도자를 선출하거나 정부 운영을 논할 때 민주주의를 판단의 기준과 정당성의 원천으로 삼는다. 그렇지만 플라톤(Platon)이나 아리스토텔레스와 같은 고대 정치사상가는 민주주의를 바람직한 정치제도로 간주하지 않았다. 이러한 시각은 중세를 거쳐 근대 초기까지 이어졌다. 주지하듯이 니콜로 마키아벨리(Niccoló Machiavelli)나 토머스 홉스(Thomas Hobbes)와 같은 근대 정치사상가는 민주주의보다 군주제를 선호했다. 사실 지금으로부터 300년 전만 해도 민주주의는 잘못된 정치제도로 인식되었다. 이미 권력을 잡은 사회의 지배계층은 민주주의에 의해 자신의 권력과 재산을 잃는 것을 두려워했다. 이러한 사실에서 알 수 있듯이 민주주의(democracy)란 그리스어 demokratia에서 파생된 것으로, 인민(demos)이 지배(kratos)하는 정부 형태를 말한다.

민주주의가 정치제도로서 정착하기 위해서는 계몽된 시민이 있어야 한다. 시민들이 공중(公衆)으로서의 자질과 덕성을 갖추고 정부의 운영 원리를 이해하며, 주권의식을 가지고 공공 문제에 참여하려는 의지가 있을 때 민주주의가 잘 작동할 수 있다. 이러한 시민성은 민주주의의 기본 원리인 치자와 피치자의 동일성과 평등한 의사 결정 참여를 실현하는 근본이 된다. 이렇게 본다면 민주주의는 시민계급의 등장과 시민성을 양육하는 일정한 교육체계가 전제되어야 실현 가능하다. 바로 민주주의가 하루아침에 이루어질 수 없는 이유이다. 서구 사회의 민주주의 발달사를 들여다보면 우리가 생각하는 것 이상으로 오랫동안 무수한 시행착오와 학습을 통해 민주주의가 정착되었음을 알 수 있다. 예를 들어 민주주의의 전형이라고 하는 영국의 경우, 1642년 절대왕정에 대항하는 청교도혁명이 일어난 후 200년이 지난 1839년에 남자의 보통선거권을 주장하는 차티스트(Chartist)가 일어났고, 그로부터 또 100년 가까이 지난 1928년이 되어서야 남녀 성인의 보통선거권이 실현되었다.

그런데 한국은 이러한 과정을 거치지 않은 채 서구 사회에서 민주주의를 도입하여 그대로 실행했다. 1945년 일본 식민통치에서 해방되고 1948년 남한에 단독 정부가 수립되었을 때 곧바로 보통선거권이 주어졌다. 그러나 한국 정치의 현대사를 되돌아보면 잘 알 수 있지만, 그 당시 한국 국민은 민주주의를 이해하는 능력이 없었다. 그야말로 선거가 시행되면 동향(同鄕)이기 때문에, 고무신을 한 켤레 주기 때문에, 또는 힘 있는 사람이 요청하기 때문에 찍어주었다. 선거에서 폭력이 횡행하고 부정선거가 일어나는 것은 당연했다. 국회 해산, 사사오입, 계엄령, 긴급조치처럼 법과 상식을 무시하는 것도 다반사였다. 이러한 과정을 거치면서 시민계급이 등장하고, 국가 권력에 저항하며, 시민 참여를 확장하는 것이 그야말로 반세기 만에 거의 동시적으로 일어났다. 이 과정에서 많은 혼란과 고통이 뒤따랐지만, 한국은 세계 역사에서도 매우 희귀하게 민주주의의 압축혁명을 성공적으로 이루었다.

민주주의의 압축혁명은 필연적으로 시민사회의 역할을 요구한다. 이것은 1987년 민주화 이전에는 말할 것도 없거니와 1987년 이후에도 마찬가지다. 1987년 민주화 이전 시민사회는 활동 공간이 매우 협소했지만, 대학·종교단체·노동현장 등을 중심으로 재야라는 독특한 공간을 확보하여 치열한 민주투쟁을 벌였다. 1987년 6월항쟁의 성공(?)과 민주화의 진전은 자본주의 발전, 교육 발달, 세계화, 정보화 등의 영향도 있지만, 기본적으로 시민사회가 중요한 역할을 했기 때문에 가능했다. 1987년 민주화 이후에는 민주화운동을 한 많은 지식인이 시민사회에서 각종 시민단체(NGO)를 결성하고 시민운동을 전개했다. 그 당시 시민운동의 일차적 목표는 국가의 민주화였다. 각종 시민단체는 활동가 헌신, 지식인 참여, 단체 간 연대, 언론 협력, 시민 지지 등을 통해 적극적으로 국가 권력을 견제하고 다양한 정책을 생산했다.

한국은 정당의 역사가 짧고 이념 정당이 제대로 발달하지 않아 정치
에서 정당이 제 역할을 하지 못했다. 따라서 시민사회가 시민의 의견을
집약하고 정책을 생산하는 정당의 역할을 대행했다. 시민사회는 실제
로 정치개혁, 부패방지, 경제민주화, 인권 옹호, 환경보호 등 거의 모든
영역에 관해 공론장을 형성하여 사회의제를 생산했다. 그리고 직접 법
률안을 만들어 입법 청원했다. 홍일표의 연구에 의하면, 공식적으로 입
법 청원된 것만 해도 노태우 정부 때 139건, 김영삼 정부 때 298건, 김
대중 정부 때 477건에 달했다. 심지어 지속가능발전위원회(2000년), 국
가인권위원회(2001년), 부패방지위원회(2001년) 등과 같은 주요 국가기
구도 시민사회의 요청으로 설치되었다. 1990년대 후반 이후 여성의 인
권 옹호 및 지위 보장과 관련된 「가정폭력방지 및 피해자보호 등에 관
한 법률(가정폭력방지법)」(1997년), 「성매매방지 및 피해자보호 등에 관
한 법률(성매매방지법)」(2004년), 「가족관계의 등록 등에 관한 법률(가족
관계등록법)」(2007년, 일명 '호주제폐지법') 등도 모두 여성 NGO의 입법
청원으로 제정되었다. 이처럼 한국 시민사회는 1987년 이후 국가와 정
당이 하지 못하는 역할을 대신하면서 활발한 정치활동을 했다.

한국 시민사회의 정치화는 2000년 총선시민연대의 활동에서 정점에
달했다. 시민사회는 제15대 국회의원 선거에서 정치개혁을 위해 1,000
여 개의 NGO가 연대하여 총선시민연대를 결성하고, 무능력하고 부도
덕한 국회의원 후보의 낙천·낙선운동을 전개했다. 일종의 시민불복종
운동의 형태로 진행된 이 운동은 전 세계에 알려졌다. 〈표 3-1〉에서 보
는 바와 같이, 48명의 정당공천탈락(불출마 선언 포함, 43%)과 59명의 선

〈표 3-1〉 총선시민연대의 낙천·낙선운동 결과

분류		국회의원	예상후보자	탈락률
낙천·낙선 대상자 모집단		329명	600여 명	–
낙천 대상자		72명	40명	–
공천탈락자(불출마 선언 포함)		48명		43%
낙선 대상자		86명*		–
낙선자	전국	59명		69%
	수도권	20명 중 19명		95%
	전략 지역	22명 중 15명		68%
	수도권 집중 낙선 지역	7명 중 7명		100%

* 낙천 대상자는 공천된 자 64명과 나중에 포함된 자 22명을 합한 것이다.

거낙선(69%)이 성공적으로 이루어졌다. 그다음 해인 2001년 일본에서 이 운동을 그대로 도입하여 실행했지만, 단 한 명의 낙선도 성공하지 못했다는 사실에서 이 운동의 위력이 얼마나 대단했는지를 잘 알 수 있다.

이후 보수세력의 반발과 법원의 불법 판결 등의 영향으로 시민사회의 정치화는 쇠퇴했지만, 2003년 새만금 갯벌 개발을 반대하기 위해 여러 종교 성직자가 실시한 삼보일배 행사는 세계의 이목을 집중시켰다. 뙤약볕 아래 전북 부안에서 서울 시청까지 320km를 몇 개월간 고행으로 오는 길이었다. 그리고 2004년에는 정토회의 승려 지율(持律)이 천성산의 도롱뇽을 살리기 위해 경부고속철도의 환경영향평가를 요구하며, 목숨을 걸고 100일간 단식을 벌여 세계인을 숙연하게 만들었다. 그런가 하면 2004년 노무현 대통령이 다수당을 차지하고 있던 국회의 보수파에 의해 탄핵되자 전국적인 저지운동이 일어났다. 이 외에도 2003~2004년에는 이라크파병반대운동이 거세게 일어났고, 2007년에는 한미자유무역협정(FTA)에 반대하는 운동이 벌어졌다. 또한 2008년에는 이명박 정부의 미국산 쇠고기 수입에 반대하는 촛불집회가 몇 개월간 진행되었다. 2011년에는 시민사회 후보 박원순을 서울시장에 당선되게 했다. 이처럼 한국 시민사회의 정치적 역동성은 세계에서도 두드러진다. 브라이언 오코넬(Brian O'Connell)은 민주주의가 맥동하는 시민사회에 의해 발전할 수 있다고 했는데, 한국의 상황이 이에 딱 들어맞는다.

2. 공공 서비스의 자율적 생산

한국은 2012년 현재 세계 237개국 중 국내 총생산(GDP)이 15위, 연간 개인소득이 30위 정도이다. 지도를 펼쳐 아시아 북동쪽에 있는 작은 한반도를 바라보고, 더구나 그 한반도조차 반쪽으로 갈라져 있는 작은 남한을 생각한다면, 한국의 경제력이 어느 정도인가를 실감할 수 있다. 사실 세계인은 이러한 위력을 한국인보다 훨씬 크게 체감하고 있다. 민주화의 성공, 시민사회의 역동성, 교육열과 지식수준, 상품의 수출과 경쟁력, K-pop을 비롯한 문화적 역량, 스포츠에서의 파워 등 한국의 힘이 대단하다는 이야기를 많이 한다. 게다가 이러한 한국의 힘은 건국에서 64년, 한국전쟁 휴전에서 59년, 제1차 경제개발 5개년계획 실행에서 50년 만에 이루어진 것이다. 국토 면적이 10만 km²가 안 되며, 인구가 겨우 5,000만 명에 달하는 작은 나라가 가진 역량이다. 한국을 국가 발전의 교범으로 삼고 있는 개발도상국은 말할 것도 없고, 아시아 최고의 선진국이자 경제 규모가 세계 3위인 일본도 한국을 칭찬하기에 바쁘다. 필자가 2012년 일본 시민사회를 방문했을 때, 만나는 사람마다 박원순(시민사회), 삼성전자(경제), K-pop(문화)에 대해 언급하는 것을

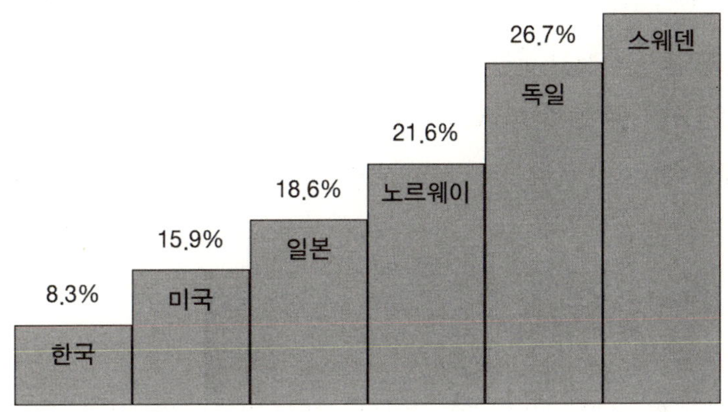

빠뜨리지 않았다.

그러나 한국인들은 한국의 많은 것에 불만을 가지며, 불안감도 느끼고 있다. 실제로 한국인의 삶의 만족도 혹은 행복감은 2009년 영국 신경제재단(New Economic Foundation: NEF) 조사에서 세계 68위를 차지했다. 2010년 갤럽조사에서도 세계 56위였다(공교롭게도 2010년 한국의 기부지수가 세계 57위였다. 나누는 것만큼 행복하다는 말이 맞는지도 모른다). 지금 경제위기를 겪고 있는 그리스나 몇 년 전 내전을 겪은 코소보보다도 행복감이 낮다. 한국인이 느끼는 이러한 불만이나 불행은 한국의 복지제도를 들여다보면 여실히 드러난다. 참으로 이상한 일이다. 한국이 만든 배와 자동차가 세계를 누비고, 가전제품이 세계를 휩쓸며, 휴대전화의 점유율이 최고인데, 복지는 왜 이럴까? 〈그림 3-1〉에서 보는 바와 같이, 한국은 2008년 경제협력개발기구(Organization for Economic Cooperation and Development: OECD) 34개국 중 공공복지 지출 비율이

33위이다. 그리스, 칠레, 헝가리, 포르투갈, 슬로바키아, 에스토니아보다도 낮다. 한국보다 낮은 나라는 멕시코밖에 없다. 한국은 34개국 평균 20.6%보다 훨씬 낮은 8.3%에 머물러 있다.

시민들은 왜 공공복지를 요구하지 않고, 정치가들은 왜 이런 문제에 민감하게 반응하지 않을까? 유독 한국에서만 분배나 균형에서 보수적인 견해가 주류를 이루고 있는 이유는 무엇일까? 공공복지가 법률 제정과 같은 정책만이 아니라 인구의 수, 천연자원의 매장량 정도 등과도 밀접한 관련이 있다고 해도 서구의 선진국에 비추어본다면 그 수준이 너무 낮다. 유럽 대학생들은 등록금을 내지 않고 대학을 다닌다. 재정 압박으로 등록금을 조금 부과하겠다고 하자 100만 명이 거리로 쏟아져 나와 시위를 벌였다. 그런데 한국의 대학 캠퍼스에서는 매년 엄청나게 올라가는 등록금을 동결해달라고 100명이 피켓을 들고 시위를 한다. 그리고 유럽의 국회의원들은 미세한 영역의 복지까지 챙긴다. 핀란드의 정치가들은 초등학생의 환경교육 현장학습의 필요성을 인정하고, 이를 위한 예산 편성에 머리를 맞댄다. 그런데 그 시간 한국의 국회의원들은 철 지난 냉전논리로 서로 욕설이나 하고 있다. 그 이유가 무엇이든, 현실에서는 다수의 국민이 빈곤한 복지 때문에 힘겨운 삶을 살아가고 있다.

공공복지가 빈곤하면 두 가지 현상이 나타난다. 우선 국민들의 생활이 빈곤해진다. 부유한 계층은 정부 정책과 관계없이 풍요롭게 살 수 있지만, 많은 사람은 복지 사각지대에서 곤란을 겪는다. 그래서 나타나는 또 한 현상이 가족, 시민사회, 기업이 정부 대신 책임을 지게 되는 것이다. 한국은 복지가 빈곤하기 때문에 시민사회의 많은 결사체가 복지 서비스를 생산한다. 장애인 취업 알선, 미혼모 상담, 독거노인과 대화, 편모가정 자녀 학습 지원, 소년소녀가장 심리 상담, 에이즈 환자 인권 옹호, 이주노동자 안전, 쪽방촌 거주자 생계 등 많은 복지 서비스가 시민사회의 각종 결사체에 의해 생산된다. 이 과정에서 정부의 재정 지원이 이루어지거나 정부나 기업과의 거버넌스 시스템이 작동하기도 하지만, 선진국과 비교해볼 때 시민사회는 과중한 책임을 지고 있다. 공공복지 지출의 절대 금액이 상대적으로 낮기 때문에 많은 복지 서비스는 가족과 시민사회가 떠맡아야 한다. 한국에 시민사회가 없다면 그야말로 국민들의 삶은 비참한 수준으로 전락할 수밖에 없다. 사실 한국 시민사회는 물적 토대가 매우 약하다. 그럼에도 많은 단체는 국가가 제공하지 못하는 각종 공공 서비스를 생산하는 역할을 맡고 있다.

3. 다중적 욕구의 충족

한국은 압축혁명을 통해 짧은 시간에 민주주의와 자본주의가 발전해왔기 때문에 복합 국가의 특성이 있다. 즉, 전통·근대·후근대가 역사적 시간으로 동시에 공존한다. 전통적 요소가 여전히 남아 있고 근대적 가치가 제대로 뿌리를 내리지 못하고 있는 상황에서, 후근대적(post-modern) 요소가 빠르게 확산되어 다양한 가치가 어지럽게 교차하고 있다. 그런가 하면 조직에도 학연·지연·혈연의 1차 집단, 시민단체나 이익집단과 같은 2차 집단, 온라인 결사체나 사이버 공동체와 같은 3차 집단이 공존하고 있다. 한쪽에서는 가족주의나 연고주의와 같은 전통적 가치를 중시하고, 가부장제와 성차별이 여전히 남아 있다. 조직의 사인화(私人化), 상하 간 위계질서, 비공식적 의사소통 등도 우리 사회를 규정하는 중요한 요소이다. 그런가 하면 국가제도나 시장제도는 근대적 모습을 갖추고 있다. 그리고 계몽주의적 세계관, 합리적 조직 관리, 과학에 대한 신뢰 등 근대적 가치도 어느 정도 정착되어 있다. 그런 한편으로 다원화된 사회구조, 탈물질적 욕구, 시민 참여 확산, 환경 중시 등에서 볼 때 후근대적 요소도 상당히 확산되어 있다.

한국은 봉건제적 잔재를 청산하지 못한 상태에서 서구의 근대화를 추진했다. 따라서 근대적 제도나 가치가 제대로 정립되지 못했다. 이로써 준법정신 부족, 부정부패 만연, 기회의 불공정성, 시민의식 왜곡, 비밀주의 등과 같은 문제가 제기된다. 그런가 하면 급속한 근대화에 따르는 각종 문제도 도처에서 나타나고 있다. 권력 집중, 부의 불평등, 환경 오염, 기술의 신격화, 생활세계의 협소화, 인간소외 등을 들 수 있다. 한국 사회가 안고 있는 문제는 서구 사회와 같이 근대성의 진전에 따른 성찰이나 근대를 넘는 새로운 사회질서의 구축으로는 해결되지 않는다. 근대적 가치를 정립함과 동시에 근대가 안고 있는 문제를 극복해야 하는 딜레마가 한국이 처한 상황이다.

이렇게 본다면 한국인은 욕구가 매우 복잡하고 다양하다. 한편에서는 근대성에서 강조하는 개인의 자유, 법치주의, 경제 성장, 공정성, 투명성 등과 관련된 욕구가 강하다. 다른 한편에서는 합리성 증대와 과학기술 발전을 통한 역사 진보라는 근대성에 피로감을 느끼고 있다. 산업화에 반발하여 환경을 중시하고, 성장주의에 저항하여 삶의 질에 관심을 가지며, 물질주의를 넘는 정신적 가치에 천착하는 것을 주위에서 쉽

게 볼 수 있다. 이 외에도 자본주의 발전에 따른 부작용 해결, 즉 불평
등 해소, 대의제 한계를 극복하기 위한 시민 참여, 체계 확산에 대응하
기 위한 생활세계 해방, 합리성 증대에 따른 인간소외 극복, 군사화와
전쟁 일상화에 반발한 평화운동 전개, 기술 중시에 따라 메말라버린 감
성 부활 등도 한국인에게 매우 중요하다. 물론 서구 중심의 세계관에
반발한 동양의 재발견과 동양철학의 정립, 민족국가의 한계를 극복하
기 위한 국제 협력과 세계시민정신 등에 대해서도 관심이 깊다. 한편에
서는 국가 체제와 소유 양식을 넘어서는 원시 공동체에 대한 아득한 동
경도 남아 있다.

한국인이 지향하는 다양한 욕구는 국가와 시장이 해결하기 어렵다.
관료제·계층화·다수결·획일주의 등과 같은 원리에 따라 움직이는 국가
나, 이윤 추구, 경쟁, 효율성, 실적주의 등과 같은 가치가 작동하는 시
장은 한국인의 다중적 욕구를 충족해줄 수 없다. 심지어 국가와 시장
영역에서 충족할 수 있는 욕구도 대부분 시민사회의 견제나 협력이 필
요하다. 특히 경제 성장에 집착하면서 부의 증대를 통해 개인의 삶의
질을 높이고 행복감을 증대하겠다는 발상은 이미 한계에 도달했다. 한
국은 2012년 현재 개인 평균 소득이 2만 4,000달러를 넘어 개인소득의
증대를 통해 행복감을 증대할 수 있는 변곡점(inflection point)을 넘어섰
다. 〈그림 3-2〉에서 볼 수 있는 바와 같이 미국 경제학자 리처드 이스
털린(Richard Easterlin)에 따르면, 개인소득 1만 5,000달러까지는 소득
이 증대하면 행복지수가 급격하게 올라가지만, 1만 5,000달러를 넘어
서면 소득이 증대해도 행복지수는 크게 오르지 않는다.

한국인은 개인의 행복을 증대하기 위해 물질적 성장을 넘어 영성·봉

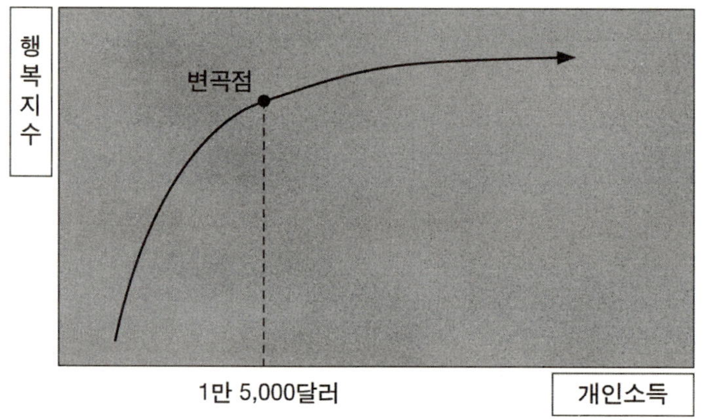

사·감성·환경·문화·공동체 등과 관련된 욕구를 충족하려고 한다. 이러한 욕구와 관련된 활동이 일어나는 곳이 바로 시민사회이다. 실제로 한국 시민사회에서는 물질적 가치를 넘는 다양한 탈물질적 가치를 획득하기 위한 시민운동이 활발하게 일어나고 있다. 사람들은 시간과 비용을 들여 환경을 보호하는 활동을 전개하고, 소수자의 인권을 옹호하기 위한 다양한 기획을 실행한다. 소유를 부정하는 원시 공동체 생활을 추진하는가 하면, 자본주의의 생활 양식을 넘는 대안경제 체제를 실험하기도 한다. 전쟁을 반대하고 평화를 구축하기 위해 지구적 연대활동을 전개하고, 자신의 재능과 부를 나누어 주기 위해 저 먼 아프리카까지 봉사활동을 나간다. 그런가 하면 휴일에 산사에서 조용하게 명상을 하고, 자원을 절약하기 위해 각종 리사이클 제품을 사용하기도 한다. 이처럼 한국에서 시민사회는 근대화에 대한 욕망과 후근대적 가치에 대한 지향이 충돌하는 상황에서 불안감과 허무감을 극복하고 인간 실존의 근원적 문제를 해결하려고 노력하고 있다.

제2부

시민사회의 가치와 활용

민 주 주 의 의 발 전

1. 인권의 옹호

한국에서는 시민이 국가의 부정을 고발하거나 비밀스러운 사실을 폭로할 때 주로 시민단체(NGO)에서 기자회견을 한다. 시민의 법적 대표인 국회, 민중의 지팡이인 경찰, 사회정의의 보루인 법원에서 그러한 기자회견을 하는 것은 보기 어렵다. 독재정권하에서는 야당 당사나 언론사 사무실에서 기자회견을 하는 경우가 많았다. 그러나 요즈음은 그런 경우를 찾기가 쉽지 않다. 이제 야당이나 언론도 미덥지 못한 모양이다. 이것은 시민사회가 인권을 옹호하는 데 정부·정당·언론보다 더 적극적이고 신뢰할 수 있음을 의미한다. 시민사회는 실제로 한국전쟁 중의 민간인 학살, 군대 의문사 사건, 경찰의 강제진압에 의한 사망사고 등 인권유린과 관련된 사건에 대해 정부뿐만 아니라 야당이나 언론보다도 더욱 적극적으로 시민 권리를 옹호하고 사회적 약자를 지원하는 데 앞장섰다.

인권은 오랜 옛날부터 천부적인 자연법적 권리로 인정되어왔다. 그런가 하면 현대사회에서는 인권이 정치를 비롯한 사회 여러 영역에서 논쟁적인 요소로 작용하고 있다. 이것은 인권이 민주주의의 핵심 가치이자 국가 구성 원리의 중심 요소이지만, 일상에서는 아직도 인권이 제대로 지켜지지 않고 있음을 말해준다. 인권은 달리 말해 인간으로서의 존엄성에 대한 권리이자 욕구라고 할 수 있다. 인간의 존엄성을 지키기 위해서는 국가의 역할이 중요하다는 것은 재론할 필요가 없다. 국가의 발생 이후 인권이 주로 국가 권력에 의해 억압받아왔기 때문이다. 그러나 과거에도 그랬지만, 지금도 한국에서 국가는 개인의 인권을 보호하는 데 제 역할을 하지 못하고 있다. 국민을 권력의 주체로 인정하는 것, 공적 영역에서 평등을 보장하는 것, 사회적 약자나 소수자를 보호하는 것 등 인권의 기본적인 요소에서 국가는 매우 소극적이고 방어적이다. 사실 요즈음 인권을 담당하는 국가인권위원회가 제 역할을 하지 못한다는 비난이 빗발치고 있는 형편이다.

인권에 대한 국가의 미온적인 태도에 대해 두 가지만 예를 들어보자. 두 가지 모두 2000년 전후에 발생한 사건이다. 하나는 MBC 〈PD수첩〉에서 다룬 바 있는 군대 의문사에 대한 것이다. 어느 날 군 당국이 군복무를 하고 있던 자식이 자살을 했다고 하면, 어느 부모가 그것을 그대로 믿겠는가! 유서도 없는 갑작스러운 죽음에 부모들은 의문을 갖지 않을 수 없다. 그런데 군 당국은 정황을 투명하게 보여주고 설명하기는커녕 될 수 있는 한 사실을 덮으려고 했다. 관련 영상을 보면 공정하고 적극적이어야 할 국가기관의 태도는 상식적으로 이해가 가지 않았다. 오죽하면 군대에서 중장으로 예편한 부모가 자식이 군대에서 의문사를 당하자 이를 수긍하지 못하고 10여 년 동안 모든 것을 제쳐두고 진실을 밝히려고 했을까? 그런가 하면 20년이 지나서야 자살이 아니라 타살이라는 사실을 밝혀낸 경우도 있었다. 이처럼 국가는 자신의 체제 유지를 중시하면서도 그 체제를 뒷받침하는 국민 개인의 권리에 대해서는 무관심하다.

다른 하나는 〈여섯 개의 시선〉이라는 영화에 나온 이야기이다. 찬드라 꾸마리 구룽(Chandra Kumari Gurung)이라는 네팔 여성은 한국에 이주노동자로 왔다가 불행하게도 정신병원에 갇히고 말았다. 찬드라는 가족의 생계를 돕기 위해 산업연수생으로 한국에 왔는데, 어느 날 지갑을 가지고 오지 않은 것을 모른 채 공장 근처 식당에서 점심을 먹었다. 한국말도 제대로 하지 못하고 점심값도 지불하지 않자 식당 주인은 경찰에 신고했고, 경찰은 제대로 조사도 하지 않고 행려병자라고 간주하여 그녀를 정신병원에 보냈다. 그녀는 장장 6년 4개월 동안 정신병원에 갇혀 감금을 당하고 폭행을 당하기도 했다. 이 사건의 경우 정신병원의 행정 문제도 있지만, 명백하게 경찰의 잘못으로 발생한 사건이다. 실제로도 법원에서 국가 잘못을 인정하여 배상판결을 내렸다. 이 사건을 통해 이주노동자와 같은 사회적 약자에 대한 배려가 얼마나 잘못되어 있는지 알 수 있다. 6년 4개월 동안 정신병원에 구금된 그녀에게 나중에 법원이 판결한 배상금은 고작 2,860만 원이었다.

앞의 사건들로부터 10년이 지난 지금도 한국의 인권 상황은 크게 나아지지 않았다. 이명박 정부에서 4대강 개발에 반대하는 의견을 제시하면 요주의 인물 목록에 올라가고, 정부의 대북한정책을 비판하면 어느 날 느닷없이 경찰의 방문을 받으며, 구제역에 걸린 동물을 매장하는 현장을 감시하면 경찰에 고발을 당하고는 했다. 사실 이명박 정부의 인권의식 수준은 이른바 '미네르바 구속 사건'에 그대로 응축되어 있다. 누구나 다 알듯이 미네르바는 인터넷에서 정부의 경제정책을 비판한 사람의 필명이다. 언론을 통해 정부의 정책을 비판하는 것은 일종의 표현의 자유로서 기본적인 자유권에 해당한다. 그러나 2009년 1월 정부는 그를 유언비어 날조와 정부 전복 의도가 있다는 이유로 긴급체포했다. 많은 사람이 반대하고 세계의 지식인들이 비웃었지만 막무가내였다. 결국 법원은 그에게 무죄를 선고했고, 헌법재판소는 그의 죄를 적용한 법률을 위헌이라고 판결했다.

공공선택론자(public choice theorist)들은 정부 관료가 구조적으로 자신의 조직과 예산을 확대하고 공공재(public goods)를 과잉 공급한다고 말한다. 그리고 정부에는 인권을 옹호하는 데 소홀할 수밖에 없는 구조적인 문제가 있다. 관료는 자신의 위치에서 일상적인 업무를 하거나 감독권을 행사하려고 하는 반면, 인권 문제를 적극적으로 살펴보지 않거나 인권을 보장하기 위해 개입하지 않는다. 이것은 정도의 차이는 있으나 행정부·입법부·사법부에서 똑같다. 입법부가 법률을 제정하여 인권을 보호한다고 하지만, 사실 국회의원은 지금도 법을 지키지 않고 도덕적으로 행동하지 않는다고 비판받고 있다. 사법부는 인권을 옹호하는 데 가장 중요한 역할을 하지만, 한국에서는 '사법 살인'의 역사나 '부러진 화살'의 논쟁이 말해주듯이 신뢰를 받지 못하고 있다. 행정부로 말하면 더욱 한심하다. 행정부는 언제나 국민을 속이고, 부정을 행하고, 많은 것을 비밀리에 행하는 습성이 있다는 사실을 우리는 잘 알고 있다. 지금 이 순간에도 편법을 적용한 4대강 개발사업과 불법을 저지른 민간사찰이 논쟁이 되고 있다.

공교롭게도 앞서 예를 든 많은 사건에서 국가에 대항하여 인권을 적극적으로 옹호한 행위자는 시민사회의 각종 결사체였다. 군대 의문사와 관련하여 인권단체와 종교단체는 사망자와 그 가족의 편에서 사건의 진상을 밝히려고 했다. 찬드라 꾸마리 구룽의 사건에서, 정신병원에서 그녀를 발견하여 퇴원시키고, 부당한 국가 행위에 소송을 제기하며, 나중에 네팔로 찾아가 국가가 제공하지 못한 보상금을 제공한 것은 모두 NGO였다. 미네르바 사건 때도 표현의 자유를 주장하며 그의 구속을 반대하고 그를 변호하기 위해 변호사를 지원한 것은 NGO였다. 왜 시민사회는 이처럼 국가라는 거대한 권력에 맞서 인권을 외치고 인권을 옹호하기 위해 노력할까? 물론 시민사회는 시장의 자본 권력에 대해서도 인권을 보호하기 위해 감시하고 견제한다. 시민사회 혹은 NGO는 태생적으로 인권이라는 보편적 가치를 옹호하는 것을 기본 정신으로 한다. 특히 사회적 약자나 소수자의 권리를 옹호하는 데 매우 민감하다.

인권은 민주주의의 기본 가치이다. 따라서 국가는 인권을 보호하고 장려하는 데 노력해야 한다. 만약 국가가 인권을 보호하는 데 소홀하면 민주주의가 쇠퇴하고, 이것은 결과적으로 국가의 정당성이 침식되는 결과를 가져온다. 이렇게 되면 국가가 국민을 설득하고 국민의 협조를 구하는 데 어려움을 겪는다. 그러한 어려움은 전쟁과 같은 긴급한 상황에서 인적·물적 자원을 동원할 때 적용될 뿐만 아니라, 평상시에 국가 정책에 대한 순응과 지지를 확보하려고 할 때도 겪는다. 그리고 국가는 인권을 등한시하는 한 국가의 신뢰도를 높일 수 없다. 사실 인권은 국가 신뢰도의 척도라고 할 수 있다. 우리가 인권을 도외시하는 북한이나

<표 4-1> 2010년 한국의 각종 지수 순위

분야	조사국 수	한국 순위	조사기관
학업 성취도	38개국	1위	OECD
정보화	64개국	3위	Economist Institute
국내 총생산	227개국	14위	IMF(국제통화기금)
국가 경쟁력	58개국	22위	IMD(국제경영개발연구원)
부패 정도	180개국	42위	TI(국제투명성기구)
언론 자유	173개국	47위	국경없는기자회
인권		57위	박경서 교수 조사
여성 인권		107위	WFE(고용가족강화센터)

자국민을 살해하는 시리아를 비정상적인 국가로 인식하는 것도 바로 이러한 이유 때문이다. 국가 신뢰도 저하는 국제사회에서 발언권을 약화하며, 그 나라의 경제에 악영향을 미칠 뿐만 아니라, 오늘날 글로벌 사회에서 개인의 정체성에 대해서도 문제를 야기한다. 국제기구를 포함하여 각종 연구소나 NGO는 매년 세계 각국의 민주주의 혹은 삶의 질과 관련된 각종 지수의 순위를 발표한다. 2010년 전후 각종 지수에서 한국 순위는 대략 <표 4-1>과 같다. 한국은 학업 성취도와 정보화가 뛰어나며, 경제 생산이나 경쟁력에서 어느 정도 높은 위치를 차지하고 있지만, 인권과 관련된 지수에서 매우 낮은 편이다.

국가와 시장 바깥의 시민사회에서 각종 NGO가 인권을 주장하고 시민 권리를 옹호하기 위해 시민운동을 일으키는 것은 국가 발전에 매우 중요하다. 그렇다면 시민사회의 인권운동이 활발하도록 각종 제도적 장치를 만들고 다양한 지원 체제를 확립해야 한다. 지혜로운 정치 지도자나 집권 세력이라면 시민사회의 인권운동이 민주주의의 질적 발전과 삶의 질 증대에 기여하고, 궁극적으로 국가의 정당성과 신뢰도를 높이는 데 기여한다는 사실을 알아야 한다. 그리고 그것은 한 시대에만 통용되는 것이 아니라 두고두고 역사에 남는다. 우리는 지금 수백 년 전 조선시대 어떤 임금이 선견지명을 가지고 문자를 만들고 과학 기술을 장려했다고 높이 평가한다. 앞으로 수백 년이 지나 후세 사람들은 지금 우리가 살고 있는 시대를 평가하면서, 다른 무엇보다도 대통령과 집권세력들이 인권에 대해 어느 정도의 감수성을 가졌는지 평가할 것이다.

2. 생활정치의 실현

2010년 11월 서울에서 G20 정상회의가 열렸다. 선진국의 많은 기자는 이 대회를 취재하기 위해 일본을 거쳐 한국으로 왔다. 그런데 기자들은 아시아에서 이웃인 두 나라의 표정이 너무나 대조적이라고 입을 모았다. 일본은 조용하고 느리고 심지어 우울하기도 하지만, 한국은 그야말로 정치·경제·사회의 전 분야가 역동적이라고 말이다. 한국의 정치와 경제가 그러하듯이 시민사회도 매우 역동적이다. 한국 정치의 역동성에는 특히 시민사회의 역할이 매우 크다. 보수적인 자유주의 사상은 엘리트 민주주의를 지향한다. 엘리트 민주주의는 정치를 제도 영역 내의 공식적인 권력관계로 치부한다. 여기서는 법적 장치에 의한 이해관계의 합리적 조율을 중시하기 때문에, 대중의 정치 참여를 불필요한 것으로 인식하거나 대중의 정치 참여가 고비용을 초래한다고 거부한다. 이것은 우울한 일본식 정치이다. 그러나 역동적인 한국 정치에서는 제도 영역 바깥의 시민사회에서 다양한 이해관계가 표출되고, 생활의 각종 주제에 대해 활발한 공론장이 만들어진다.

　정치가 역동적이고 사회 문제에 유연하게 대응하기 위해서는 다층적이고 자율적인 공론장의 형성이 필수적이다. 공론장이 활성화되면 시민 스스로 정치의 주체가 되어 다양한 층위에서 각종 사회 문제에 대해 의견을 제시한다. 이 과정에서 여론이 형성되고 다양한 사회의제(social agenda)가 생산되어 정부의 정책의제(policy agenda)로 흡수된다. 이렇게 되면 정치가 제도 영역에서 맴돌지 않고 정부 바깥에서 다양한 사회적 이슈를 다루는 것으로 발전한다. 벨기에의 정치학자 샹탈 무페(Chantal Mouffe)는 이것을 정치적인 것(the political)의 확장이라고 했다. 정치적인 것이 확장된다는 것은 정치의 주제가 확장되어 사회관계 속에 내재하는 다양한 모순과 갈등, 억압과 저항, 요구와 선호가 정치 토론의 장으로 들어옴을 의미한다. 이렇게 되면 정치는 지구와 우주, 민족과 세계, 인간과 자연, 자아와 타자, 정신과 물질, 삶과 죽음을 교차하면서 풍요로워진다. 예를 들어 환경, 인권, 평화, 여성, 문화, 소비자 권리, 국제 협력 등과 같은 주제뿐만 아니라, 동성애자, 에이즈 환자, 알코올 의존자, 이주노동자, 혼혈인, 북파 공작원, 병역 거부자, 재소자 등의 권리문제도 정치 주제가 된다. 그런가 하면 공동체·건강·죽음·영성·대안사회 등에 대한 주제도 정치에서 활발하게 논의된다.

　정치적인 것이 확대되어 다양한 삶의 주제를 공론장으로 불러들이면 생활정치(life politics)가 활성화될 수 있다. 생활정치란 삶의 질이나 정체성과 관련된 다양한 주제에 대해 활발하게 토론하고 이를 정치에서 실현하는 것을 말한다. 따라서 삶의 질과 관련된 다양한 주제가 정치 토론의 대상으로 등장한다. 그리고 많은 풀뿌리 조직이 네트워크로

<표 4-2> 해방의 정치와 생활정치

구분	해방의 정치	생활정치
방향	무엇에서의 자유	무엇을 향한 자유
공간	주로 국가적	지방적·국가적·세계적
조직 원리	집중적 거대 조직, 위계적 명령, 통일계통 조직 간 연대	분산적 풀뿌리 조직, 수평적 의사소통, 개방적 네트워크 형성
이데올로기	자율·정의·평등의 획득	삶의 질과 정체성 문제
핵심 쟁점	억압·착취·불평등	참여, 동기부여, 이타주의, 잠재력 계발, 창의성 발휘

연결되며, 이들 사이에 수평적인 의사소통이 이루어진다. 물론 정치 주제는 인간 문제를 넘어설 뿐만 아니라 국가의 경계를 초월하여 확장된다. 예를 들어 인간과 환경의 관계에서 생태주의의 이념과 실현방법을 논의하고, 페미니즘(feminism)을 논의하면서 여성 조직의 국제적 연대를 모색한다.

<표 4-2>에서 보는 바와 같이 생활정치는 해방의 정치(politics of emancipation)에서 다루는 억압이나 불평등에서의 해방으로 끝나지 않는다. 사실 생활정치의 핵심 주제는 자아실현이다. 자아실현은 단지 사회구조적인 억압·착취·불평등 등과 같은 문제를 극복한다고 성취되지 않는다. 오히려 자아실현은 생활 속에서 타자윤리를 실천하고, 개인의 잠재력을 계발하며, 창의성을 발휘하는 것과 밀접한 관련이 있다. 이런 점에서 자아실현은 개인적인 측면이 강하고 윤리적인 요소를 내포한다. 그렇다고 자아실현이 정치에서 멀어지는 것은 아니다. 영국 사회학자 앤서니 기든스(Anthony Giddens)가 강조하듯이, 생활정치에서 강조하는 자아실현은 오히려 활발한 토론과 급진적인 저항을 내포한다. 자아실현을 향한 의지가 역동적인 정치를 이끌어낼 수 있다는 것이다.

오늘날 민주주의의 발전은 생활정치의 구현을 중요한 내용으로 한
다. 생활정치가 구현되지 않으면 정치는 생활의 미시적인 문제를 다루
지 못하고 형해화되어버린다. 만약 정치가 일상적 삶의 주제를 다루는
연성 정치(soft politics)보다 안보나 군사와 같은 강성 정치(hard politics)
에만 집중하면, 시민들은 정치에 무관심해진다. 사회 구성원이 정치에
무관심해지면 물질적 만족에 집착하고, 이것은 감각적 쾌락으로 이어
져 결국 퇴폐적인 사회를 초래한다. 이와 동시에 삶의 각종 문제가 정
치에서 배제되어 시민들의 불만이 높아지고 삶의 질이 하락한다. 특히
사회적 약자는 정치 주체로 나서지 못하거나 정치에 참여할 수 있는 기
회가 박탈되기 때문에 정신적·물질적 빈곤에 처해진다. 사회적 약자가
자신의 의사를 표출하고 권력을 행사할 수 있는 통로가 막히면 급진적
이고 폭력적인 방법에 의존한다. 이것은 결국 사회적 불안을 가져오고
높은 비용을 초래한다.

생활정치는 정치를 생활 차원으로 확대하고 적극적으로 개인의 권
리를 추동한다는 점에서 정부의 주요 관심사라고 할 수 있다. 사실 복
합 조직(heterarchy), 네트워크, 수평적 의사소통, 지역 공동체, 세계시
민정신 등에 관심을 가진 현대인에게 생활정치는 정부의 정당성을 높
이는 필수적인 제도이기도 하다. 그러나 정부는 공론장을 활성화하거
나 정치적인 것을 확대하는 데 구조적인 한계가 있다. 정부 영역에서
정치란 주로 소수 엘리트가 체제를 보존하거나 자기 집단의 이익을 증
대하기 위해 폐쇄적으로 의사 결정을 내리는 과정으로 이루어진다. 외
부에 개방적이고 투명하기보다는 소수가 비밀스럽게 협상을 하고 결정
을 내리는 것을 선호한다. 그렇다고 시장이 국가보다 나은 것도 아니

다. 시장의 공론장은 상대적으로 개방되어 있기는 하지만, 상업주의가 지배하고 자본이 인간의 삶을 상품화하기 때문이다. 따라서 공론장의 활성화와 정치적인 것의 확대를 통해 생활정치를 구현하기 위해서는 시민사회가 제 역할을 하게 해야 한다.

시민사회에서는 자발적 결사체들이 자유롭게 참여하고 조밀한 커뮤니케이션을 형성하여 다양한 생활 문제를 논의한다. 따라서 자율적으로 구성된 공론장이 중층적으로 형성되어 있고, 인간 사회와 민족국가의 범위를 넘는 다양한 주제를 논의한다. 물론 시민사회의 공론장은 하버마스가 주장하는 것처럼 언어를 통한 의사소통과 합리성의 증진으로 끝나지 않는다. 시민사회는 사회 문제의 공론 과정에서 몸의 상징화, 저항의 체험, 전위예술 등과 같이 탈언어적인 신체와 예술을 흔하게 사용하기도 한다. 그리고 언어를 사용할 때도 대면적 접촉뿐만 아니라 인터넷이나 방송을 통해 사이버 공간에서 아고라(agora)를 적극적으로 형성하기도 한다. 그런가 하면 시민사회의 공론장은 합리적인 의사 결정의 차원을 넘어 상호 연결과 가치의 공유를 통해 새로운 삶의 양식을 발명하고, 이를 실험하는 기회를 제공하기도 한다. 그야말로 시민사회의 생활정치는 권력의 지배나 이익의 추구가 아니라 평등한 개인 간의 공동선(common good)을 증진하는 시민문화의 과정이라고 할 수 있다.

시민사회의 생활정치는 시민 참여의 기회를 제공한다. 특히 사회적 약자가 실질적으로 참여할 수 있는 공간이 만들어진다. 여기서 개인들의 다양한 관점과 생각이 노출되고 용해된다. 마이크 에드워즈(Mike Edwards)의 표현처럼, 그것은 냇물 속의 조각돌들이 서로 부딪히면서 둥글게 되는 것과 비슷하다. 즉, 생활정치는 평화적인 정치 수단을 사용하도록 유도하고 사회적 갈등을 완화하는 역할을 한다. 이런 점에서 정부는 시민사회에서 공론장이 활성화되고 여기에 다양한 삶의 주제가 논의되는 공간이 확장되도록 지원해야 한다. 시민사회를 부정적으로 바라보고 이것을 무시하거나 억압하면, 민주주의의 발전은 한계에 부딪힌다. 그와 동시에 정부의 정당성도 타격을 받는다. 현대사회에서 민주주의는 생활정치를 통과하지 않을 수 없고, 민주주의의 발전을 이룩하지 못한 정부는 지지를 받을 수 없다. 따라서 정부는 시민사회의 생활정치를 관망하거나 억압하지 않고, 이것이 자본에 의해 식민화되거나 특정 세력에 의해 독점되는 것을 경계하면서 활성화되도록 지원하는 정책을 펼쳐야 한다.

3. 참여민주주의의 활성화

2010년 10월 보건복지부는 한국 사회복지관에서 장애인활동 지원에 관한 법안(장애인활동지원법안)에 대한 공청회를 열었다. 「행정절차법」에 따라 거쳐야 하는 일련의 제도적 과정이라고 할 수 있다. 그러나 시작하자마자 공청회는 무산되었다. 한국장애인자립생활센터협의회(한자협)에 속한 장애인들이 회의장을 점거하며 강력하게 반발했기 때문이다. 한자협 소속 회원들이 반발한 것은 장애인활동지원법안을 만드는 데 자신들의 의견이 반영되지 않았으며, 공청회도 미리 정해진 내용을 추인하는 요식 행위에 지나지 않아서였다. 법에서 규정하는 대상자인 장애인들이 참여할 수 있는 기회를 주지 않았으며, 공청회 참여도 하루 전날 결정하여 연락을 취해왔다고 주장했다.

정부가 시행하는 공청회를 폭력으로 무산시킨 장애인단체를 비난할 수도 있다. 그러나 현재 한국의 민주주의 수준에서 본다면 장애인에 대한 지원법을 만들면서 장애인단체의 의견을 구하지 않고 공청회를 열려고 한 시도가 오히려 순진한 발상으로 보인다. 오늘날 한국에서 실시하고 있는 대의민주주의는 사회의 복잡성이나 시간의 긴급성에서 보면 여전히 유효하다. 그러나 대의민주주의는 권력을 중앙정부에 집중하고, 시민 참여를 의도적으로 제한하며, 공론장 활성화를 소홀히 하는 문제를 안고 있다. 따라서 일반 시민은 정치에 무관심해지고, 정책 과정에 자신의 의견을 반영할 수 없는 특수 그룹은 반발한다. 입법 과정에 평등하게 참여하여 자기결정 원리를 실현한다는 민주주의의 이상은 대의민주주의에서는 불가능하다. 이렇게 보면 대의민주주의는 아테네의 페리클레스(Perikles) 이래 민주주의의 중요한 가치로 전해오는 자율, 참여, 평등, 다원적 가치 등을 실현하는 데 한계가 있음이 분명하다.

참여민주주의는 대의민주주의의 한계를 극복하기 위해 등장한 정치기획이다. 참여민주주의란 사회 구성원이 자신에게 영향을 미치거나 자신이 속한 공동체의 이익과 관련된 의사 결정 과정에 참여하여 효과적인 영향력을 행사하는 정치제도이다. 참여민주주의하에서 시민들은 공공 업무나 정책 과정에 참여하여 자신의 의견을 반영하고 공동체의 문제를 해결하는 데 주체적으로 나선다. 따라서 참여민주주의가 발달하면 시민의 권리의식이 발달할 뿐만 아니라 공익 정신도 발달한다. 즉, 시민은 피동적으로 국가에 종속되거나 사적 이익에 골몰하는 정태적 인간에서 벗어나, 공동체의 미래에 관심을 가지고 적극적으로 행동하는 적극적 시민이 된다. 일찍이 고대 아테네의 아리스토텔레스는 민주주의를 유지하기 위해서는 공공 업무의 결정에 참여하는 적극적 시민이 필요하다고 지적한 바 있다.

참여민주주의는 〈표 4-3〉에서 보는 바와 같이, 자율, 참여 ,평등, 책임, 의사소통, 다원성, 자치 권력, 시민성 등 다양한 민주적 가치를 포함한다. 시민이 권력의 주체로서 공공 업무에 적극적으로 참여한다는 점에서 참여민주주의는 자치 권력의 원리를 잘 실현한다. 자치 권력은 '권력을 국민에게로'라는 슬로건을 내건다는 점에서 민주주의의 핵심이라고 할 수 있는 자기결정 원리를 실현한다. 그런가 하면 참여민주주의에서 설정하는 시민이 적극적 시민이라는 점에서 시민성(civility)을 계발하는 데도 효과적이다. 사실 시민들이 정책에 관심을 가지고 참여하는 것 자체가 일종의 민주시민 교육 과정이라고 할 수 있다. 특히 다원화된 현대사회에서 참여민주주의 정치제도는 자율적인 참여와 소통을 통해 갈등을 자연스럽게 조정하는 이점이 있다. 이때 사회적 약자에게 참여 기회를 제공함으로써 사회 통합을 이루는 데도 크게 기여한다. 근대 이후 민주주의의 발전이 정부의 정책 과정에 대한 평등한 시민 참여를 실현하는 것에 초점을 두어왔다는 점에서, 참여민주주의는 일종의 정치 혁신이라고도 할 수 있다.

참여민주주의가 제대로 작동하기 위해서는 국가 권력을 견제하고 공공 문제에 참여하는 시민이 있어야 한다. 이때 시민은 과도한 사익 추구를 자제하고 공익(public interest)에 민감한 감수성을 지녀야 한다. 이러한 시민을 양성하는 곳이 바로 시민사회이다. 개인이 공공 문제에 참여하는 데에는 제약이 크며, 개인 자격으로 참여할 경우 사적 이익을

<표 4-3> 대의민주주의와 참여민주주의 비교

구분	대의민주주의	참여민주주의
권리 보장	소극적 권리	적극적 권리
참여 정도	참여 제한	참여 확대
책임 정도	책임 제한	책임 확대
권력 행사	권력 집중	권력 분화
공론장	폐쇄, 독단	개방, 토론
의사 결정 방식	획일, 강요	다원성, 합의
대외 변동 적응	안전, 경직	쇄신, 자기변형
자율과 평등	강제, 불평등	자율, 평등
의사 표출 방식	종속, 순응	저항, 협력
소수자 관점	다수결 원리	소수자 보호

우선하게 된다. 시민사회의 각종 결사체에서는 시민이 공중의 자질을 갖추고 민주시민으로서 행동할 개연성을 높인다. 가장 대표적인 단체가 바로 NGO이다. NGO는 국가와 개인 사이에서 공공 문제에 대한 시민 참여를 중개하는 일종의 중개 구조(mediating structure)로 작용한다. 이런 중개 구조가 있음으로써 국가 권력을 견제하고 개인의 의사를 통합할 수 있다. 시민사회는 대의제하에서 형해화된 민주주의를 복원하기 위해 자율적 공론장을 형성하고 시민의 적극적 참여를 추동하여 참여민주주의를 실현하는 것을 근본 목적으로 삼는다.

참여민주주의가 혁신적인 정치제도로서 민주주의의 발전에 중요한 역할을 하고, 그것이 시민사회의 일정한 역할로 추동된다면, 정부는 시민사회를 적극적으로 활용할 수 있어야 한다. 한국 사회가 시민의 정치의식을 제고하고 정책 과정에 대한 참여 기회를 확대하여 역동적인 정치를 유지하려면, 시민사회의 역할이 필수적이다. 따라서 정부는 시민사회에서 사회적 이슈가 제기되고, 공론장이 형성되어 각종 사회의제가 생성되는 것을 부담스럽게 생각해서는 안 된다. 오히려 이러한 정치 과정에서 자연스럽게 갈등이 조정되고 사회 통합이 이루어지도록 활용할 수 있어야 한다. 그렇다면 정부는 참여민주주의의 활성화를 위해 시민사회를 방치하거나 무시하기보다는 시민사회의 정치 참여를 강화할 수 있는 정치적 기회 구조(structure of political opportunity)를 형성해야 한다. 가장 대표적인 것이 바로 거버넌스 시스템이다. 수평적 의사 결정체계를 만들어 시민사회에 개방하고, 권한 배분과 상호 협력을 통해 각종 사회 문제를 함께 해결하는 것이다.

복지사회의 구축

1. 정부실패의 대응

어제는 신문에 복지 문제에 대한 토론회 내용이 실렸다. 오늘은 복지에 대한 세미나를 알리는 전자우편이 왔다. 복지는 선거 때마다 나오는 단골 이슈인지라 선거를 앞두고 복지에 대한 논쟁이 한창이다. 더구나 한국은 지금 인구·산업·고용의 구조가 전환기이기 때문에, 복지에 대한 수요가 늘기 시작하면서 복지의 방향을 어떻게 설정할 것인지가 국가적인 과제가 되었다. 지난 지방선거에서는 초·중등학교의 무상급식이 중요한 이슈로 등장하여 그 폭발적인 힘을 보여주었다. 지금은 대학의 반값 등록금이 사회적 이슈가 되고 있다. 부유층이 아닌 대부분의 사람은 복지의 확대를 원한다. 그러나 그것은 정부 재정에 대한 압박과 도덕적 해이와 같은 문제를 동반하기 때문에 간단하지 않다. 복지 확대를 위해 세금을 올리는 것도 간단하지 않지만, 한 번 만들어진 복지제도를 축소하는 것도 엄청난 사회적 저항에 부딪힌다. 이것은 지금 경제

<표 5-1> 국가 유형과 변화

구분		국가 권력의 구성과 행사	
		폐쇄적·권위적	개방적·민주적
국가 기능	기본적 기능	① 약탈국가	③ 민주국가
	실체적 기능	② 발전국가	④ 복지국가

위기에 처한 그리스에서 긴축이 사회적 갈등의 중심축을 형성하고 있다는 사실에서 잘 알 수 있다.

복지국가(welfare state)라고 하면 주로 유럽, 특히 북유럽 국가를 지칭한다. 유럽에서 복지국가가 발달한 것은 독특한 역사적 배경에서 연유한다. 김태성과 성경륭이 분석하듯이, 유럽에서 국가는 대체로 〈표 5-1〉처럼 약탈국가 → 발전국가 → 민주국가의 순서로 발달했다. 민주국가에서 노동자계급이 조직화되고 좌파 정당이 결성됨에 따라 자본주의 전성기의 민주국가는 거의 복지국가로 전환되었다. 또한 자본주의가 발달하여 자본가와 노동자 사이에 계급 갈등이 심화되면 국가가 개입하여 조절하지 않을 수 없다. 이것은 영국 사회학자 토머스 마셜(Thomas Marshall)이 주장한 것처럼, 시민권에 대한 요구가 재산권 → 자유권·정치권 → 사회권으로 점차 확대되어가는 것과도 밀접한 관련이 있다. 사회권은 주로 복지국가에서 보장될 수 있기 때문이다. 복지국가는 전국적인 수준에서 국민의 삶의 안전과 관련된 최소한의 복지를 국가가 책임지는 국가 형식을 말한다. 복지국가는 완전 고용, 보편적 서비스 제공, 빈곤 예방과 해소 등을 목표로 교육·질병·실업·주택 등 국민 생활 전반에 개입하고 적극적인 재분배정책을 실시한다.

서구 사회에서 복지국가는 1930년대 대공황 이후 본격적으로 발달하기 시작하여, 1945년 제2차 세계대전 이후 급속도로 발달했다. 그래서 1950년대부터 1970년대까지를 복지국가 황금기라고 부른다. 그러나 1970년대 오일 쇼크를 비롯한 경제위기가 닥치고 생산성 증가율 하락, 중앙집권적 관료 조직의 비효율성, 국민국가 조정 시스템 한계 등으로 복지국가는 위기에 봉착했다. 이와 동시에 지구화와 맞물려 신자유주의 정치경제 체제가 주류 패러다임으로 등장하고, 동유럽의 사회주의 체제가 붕괴함에 따라 민간 영역의 역할이 강조되었다. 물론 한국은 유럽과는 달리 복지국가의 위기를 논할 처지가 아니다. 한국은 복지빈국으로 복지에 대한 정부의 역할을 확대해야 하는 상황이기 때문이다. 그렇다고 단순히 유럽의 복지국가를 따라가기는 어렵다. 한국은 인구수, 산업 구조, 천연자원, 정부 신뢰 등에서 유럽과 조건이 다르기 때문이다. 무엇보다도 좌파 정당이 활성화되지 않은 한국에서는 복지국가 도입에 대한 사회적 합의에 도달하기가 너무 어렵다. 그리고 복지국가도 완벽한 제도가 아니기 때문에 굳이 유럽의 복지국가를 따라갈 필요도 없다.

아마 한국이 지향하는 복지사회는 유럽방식과 영미방식의 중간일 가능성이 높다. 유럽에 비해 세금 부담을 줄이는 대신 복지 혜택도 줄이는 타협안이 바람직할 것이다. 어떠한 형식이나 수준의 복지사회를 지향하든 정부가 직접 복지 서비스를 독점적으로 생산한다는 것은 불가능하다. 이것은 복지국가라고 하는 북유럽에서도 마찬가지다. 예를 들어 요즈음 많은 사람은 개인의 문화적 정체성에 대해 고민하고 있는데, 이러한 문제는 정부가 해결할 수 없는 것이다. 여성, 이주노동자, 희귀병 환자, 미혼모 등과 관련된 문제를 해결하기 위해 국가 바깥의 시민사회에서 각종 시민운동이 활발하게 일어나고 있다는 사실이 이를 잘 증명해준다. 또한 사회 문제를 정부가 권위적으로 해결하는 것은 바람직하지도 않다. 모든 사회 문제를 국가라는 제도 영역에서 해결하면 개인은 혜택만 바라는 수동적인 존재로 전락하기 때문이다. 이렇게 본다면 정부실패는 결국 일어날 수밖에 없다.

정부실패는 시장실패(market failure)의 상대적인 개념이다. 시장실패는 주로 무임승차(free-riding) 문제로, 공공재(public goods)를 생산하기 어렵고 부정적 외부 효과(negative externality)로 사회적 불이익을 초래하는 시장의 한계를 말한다. 정부실패는 후생경제학에서 말하듯이 시장실패 이후 정부가 개입하여 복지사회를 이룩하려고 했으나, 오히려 더 나쁜 결과를 초래하거나 시민이 바라는 다양한 서비스를 생산할 수 없는 구조적인 한계를 지칭한다. 현대사회는 복잡하고 다원화되어 있다. 따라서 공공 서비스에 대한 시민들의 요구도 다양하고, 질적으로도 높은 수준을 요구한다. 이러한 사회구조에서 정부가 관료제를 통해 시민이 원하는 다양한 서비스를 직접 생산하는 것은 거의 불가능하다. 더구나 강제성·다수결·획일성 원리에서 움직이는 정부는 후산업사회(post-industrial society)에서 필요한 각종 인간적인 서비스를 생산하는 데 효율적이지도 않다.

그렇다면 어떻게 해야 할 것인가? 양적·질적 수준에서 복지에 대한 국민의 요구는 점증하지만, 대응할 수 있는 정부의 능력에는 한계가 있다. 결국 시민사회를 활용하지 않을 수 없다. 시민사회에 있는 병원, 학교, 예술·문화기관, 복지기관, 종교단체, 시민단체, 직능단체 등을 적극적으로 활용해야 문제를 해결할 수 있다. 이렇게 본다면 한국이 정책적으로 어떠한 복지 수준을 지향하든 시민사회의 서비스 생산 능력을 활용하는 것은 피할 수 없는 사실이다. 시민사회가 공공 문제 해결에 적극적으로 참여할 때 한국 사회는 활력 있는 능동사회가 될 수 있다. 능동사회가 되면 그 구성원은 자율적인 인간이 된다. 그래서 자기 의식에 기초하여 스스로 사고·행동하고 자신의 삶이 능동적이고 창의적으로 발전되게 할 수 있다. 그리고 능동사회에서는 공공성(publicness)의 규범이 확산된다. 많은 사람이 사익에 매몰되지 않고 공익에 대한 각성을 고양할 수 있다. 또한 능동사회에서는 시민사회의 각종 결사체가 공공 서비스를 생산하는 능력을 가진다. 특히 사회적 약자나 소수자에 대한 지원을 스스로 실행할 수 있게 된다. 나아가 능동사회는 사회 변동에 대한 적응 능력에서도 뛰어나다. 시민사회의 소규모 단체는 외부 변동을 쉽게 감지하고 이에 신축적으로 대응할 수 있기 때문이다. 이렇게 본다면 국가는 정부실패에 따르는 문제를 해결하기 위해 시민사회의 각종 결사체의 서비스 생산활동을 촉진해야 한다. 따라서 다양한 형태의 파트너십을 확대하고 시민사회에 대한 지원 체제를 확립할 필요가 있다.

2. 사회적 경제의 활성화

1990년 미국에서 유학 중이던 가난한 한국 유학생은 손에 큰 상처를 입는 사고를 당했다. 의료보장 혜택도 받을 수 없고 사적 보험을 들어놓은 것도 없어서 걱정이 태산이었다. 우선 가까운 병원을 찾았다. 가톨릭

재단에서 운영하는 종합병원이었다. 놀랍게도 병원비가 후불제였다. 우선 치료를 먼저 하고 나중에 집으로 병원비 고지서가 날아왔다. 병원비는 300달러였다. 그리 큰돈은 아니지만 유학생에게는 한 학기 책값의 절반에 해당하는 돈이었다. 유학생은 주위 사람의 도움을 받아 병원에 다른 방법이 있는지 물어보았다. 병원에서는 이자 없이 한 달에 30달러씩 10개월간 분할 납부가 가능하다고 했다. 유학생은 일단 안도의 한숨을 내쉬었다. 그래도 살림살이가 빠듯하여 무슨 대책이 없을까 고민하다가 다시 병원에 협조를 구했다. 병원에서 좀 기다려달라는 연락이 왔다. 그러고 나서 2주 후에 가난한 유학생을 지원해줄 재단을 찾았기 때문에 병원비를 걱정할 필요가 없다는 반가운 소식을 전해주었다.

미국은 복지국가가 아니다. 복지를 정부·기업·개인이 나누어서 분담하는 복지다원주의(welfare pluralism) 체제를 유지하고 있다. 물론 시민사회도 복지에서 중요한 역할을 한다. 사실 미국 시민사회에는 수많은 재단이 있다. 2005년 현재 미국에는 7만 1,000개의 재단이 있고, 이들의 자산은 5,500억 달러에 달한다. 이렇게 많은 재단이 있다 보니 그 속에는 가난한 유학생의 의료비를 도와주는 재단도 있는 것이다. 그리고 그러한 재단은 각종 병원과 네트워크를 구축하고 능동적으로 대상자를 발굴하여 지원해준다. 물론 지원금은 외국으로도 나간다. 2005년 현재 미국 재단의 연간 지원금의 15% 정도가 외국에 대한 지원이다. 미국 재단은 〈표 5-2〉와 같이 크게 네 종류로 나뉜다. 이 중에서 개인이 기부한 돈으로 구성된 독립재단이 전체 재단의 90%를 차지한다. 록펠러재단(Rockefeller Foundation)과 카네기재단(Carnegie Trust), 그리고 최근에 만들어진 빌앤드멀린다게이츠재단(Bill & Melinda Gates Foundation)

<표 5-2> 미국 재단의 유형

구분	주요 내용	비고
독립재단 (independent foundation)	개인이나 가족이 헌납한 기금으로 운영	전체 재단의 90% 차지
기업재단 (corporate foundation)	기업이 제공한 기금으로 운영	
지역사회재단 (community foundation)	지역사회의 여러 사람과 기관이 참여하여 설립	수적으로 적음
운영재단 (operating foundation)	외부에 지원금을 제공하지 않고 직접 프로그램을 운영	

등이 여기에 속한다. 미국의 부자들은 시장에서 많은 돈을 벌어 결국에는 시민사회로 가져와서 공익을 위한 재단을 만들어놓고 이 세상을 떠나간다.

한국이 지향하는 복지사회가 정부가 복지를 떠맡는 유럽 형식이 아니라면 필연적으로 그 부담의 일부는 시민사회가 떠맡아야 한다. 따라서 시민사회에는 여러 가지 이슈를 다루고 다양한 서비스를 생산하는 공익 단체가 번성해야 한다. 특히 자금을 지원하는 재단이 많아야 한다. 이러한 공익 단체들은 역동적인 민주주의를 성취하는 데도 기여하지만, 각종 복지 서비스를 생산하여 복지사회를 구축하는 데도 중요한 역할을 한다. 시민사회에서 다양한 공익 단체가 번성하여 기업이나 개인이 부담할 수 없는 각종 복지 서비스 생산을 떠맡는 것은 개인 자율성과 공공성을 증대할 뿐만 아니라, 재분배의 효과도 뛰어나다. 시민사회에는 자원활동의 습관과 상호 호혜의 정신을 통해 타자를 돕는 활동이 활발하기 때문이다. 또한 시민사회의 각종 재단은 개인과 기업이 스스로 제공한 기부금으로 만들어졌고, 큰 금액은 대체로 부자들이 제공한다. 시민사회의 복지 서비스 생산 기능이 얼마나 중요한가는 사회적 경제라는 새로운 경제 시스템을 살펴보면 잘 알 수 있다.

사회적 경제란 시민사회의 재단·조합·상조회, 그리고 기타 결사체가 공공 서비스를 생산하여 빈곤이나 복지와 같은 사회 문제를 직접 해결하는 것을 말한다. 자본주의 시장경제에는 여러 가지 문제가 있는데, 그중 부의 불평등, 실업, 빈곤과 같은 문제가 특히 심각하다. 이러한 문제는 복지국가가 쇠퇴하고 지식 경제가 발달함에 따라 더욱 심화되고 있지만, 국가나 시장이 해결하는 데는 한계가 있다. 따라서 시민사회의 각종 단체는 기부금을 모으고 자원활동을 동원하여 국가와 시장이 제공하지 못하는 복지 서비스를 생산한다. 사회적 약자, 사회적 소수자, 취약계층에 대한 간병·보육·교육·상담·안내와 환경보호, 리사이클, 문화재 관리 등은 사회적으로 필요하지만, 시장에서 원활하게 공급되지 못하고 정부가 직접 생산하기도 어렵다. 따라서 시민사회가 이러한 공공 서비스를 생산하는데, 그 과정에서 실업자를 흡수하고 빈곤을 완화하는 중요한 기능을 한다. 최근에는 각종 협동조합과 사회적 기업(social enterprise)이 공동 출자를 통해 고용을 창출함으로써 실업과 빈곤을 해결하는 데 기여하고 있다.

생활의 각종 미시적인 서비스를 국가나 시장보다는 시민사회의 결사체들이 제공하는 사회적 경제는 공동체 정신의 함양과 사회 통합의 강화에도 중요한 의미를 지닌다. 공공 서비스를 생산할 때 국가는 공적 의무감에서 기계적으로 행하고, 시장은 이윤 추구를 목표로 효율성에 집착하는 경향이 강하다. 그러나 시민사회는 서비스를 생산하는 과정에 자율성과 자원성의 가치를 투입한다. 따라서 가족적인 애정, 사적인 친밀감, 인간적인 보살핌, 형제애적 연대, 위험의 공동 부담, 공공시설의 보호 등과 같은 가치를 실현할 수 있다. 특히 사회적 경제 속에서 시민사회가 복지 서비스를 생산할 때 사회적 약자에 대한 실질적인 지원이 이루어질 수 있다. 그러므로 시민사회의 복지 서비스 생산은 사회적 약자를 포용하여 사회적 통합을 이루는 데 기여한다. 사회적 경제에서 나타나는 이러한 공동체 정신과 사회 통합은 동양철학의 용어를 빌리면 일종의 하방연대(下放連帶)라고 할 수 있다. 그야말로 낮은 곳으로 내려가 서로 도와 함께 사는 세상을 만드는 것이다.

물론 사회적 경제에서는 정부의 역할도 중요하다. 사실 복지 서비스 생산, 실업자 축소, 빈곤 완화 등과 같은 문제는 민주국가에서 정부의 핵심적인 정책에 해당한다. 따라서 정부는 정책 형성, 재정 지원, 갈등 조정 등과 같은 역할을 통해 사회적 경제를 활성화할 필요가 있다. 특히 한국은 급속하게 근대화를 성취했기 때문에 시민사회의 물적 토대가 약하므로 정부의 재정 지원이 중요하다. 앞서 살펴본 것처럼 미국 시민사회에는 수많은 재단이 있다. 심지어 몇 년 전 설립된 빌앤드멀린다게이츠재단만 해도 자산이 600억 달러(70조 원)에 달한다. 2012년 현재 미국 인구(3억 명)가 한국보다 6배가 많고, 미국인의 개인소득(4만 8,000달러)이 한국보다 2배가 좀 더 넘는다고 가정하더라도 차이가 너무나 크다. 그에 비해 한국 시민사회의 재단은 다 뒤져봐도 수백 개의 목록을 만들기도 힘들다. 따라서 정부는 시민사회의 각종 단체에 직접 재정을 지원하여 공생산 형식을 취하거나, 사회적 기업처럼 초기 고용과 경영 비용을 지원하여 활동을 추동하거나, 자원활동에 대해 그림자 임금(shadow wage) 형식으로 세금을 감면해주는 것이 필요하다.

한국은 현재 인구와 경제 구조가 전환기이기 때문에 앞으로 복지 수

요가 늘어날 것이다. 또한 절차적 민주주의가 완성되어 실질적 민주주의로 나아가면서 복지사회에 대한 요구와 지지가 늘어날 것이다. 한국이 유럽의 복지국가가 아니라 복지사회를 지향한다면, 시민사회를 적극적으로 활용하는 정책 방향으로 나아가지 않을 수 없다. 즉, 시민사회에 각종 시민단체, 재단, 조합, 사회적 기업 등이 번성하게 하여, 이들이 스스로 복지 서비스를 생산하고 고용을 확대하도록 정부가 지원하는 시스템을 형성해가야 한다. 이렇게 함으로써 한국 사회는 복지를 개인이 힘겹게 부담하는 복지 빈국이 되지 않고, 그렇다고 복지를 국가가 떠맡는 복지국가의 위기를 겪지 않으면서 활력 있는 능동사회를 구축해갈 수 있다. 이렇게 볼 때 한국 사회의 앞날에 시민사회가 얼마나 중요한가를 알 수 있다. 따라서 시민사회에 각종 재단이 많이 설립될 수 있도록 세금제도를 조절하고, 기부금과 자원활동에 대한 소득공제를 강화하며, 시민사회의 서비스 생산활동이 활성화될 수 있도록 각종 정책을 형성해가야 한다.

3. 거버넌스의 강화

강원도 화천군은 2002년 역내에 평화공원을 조성하는 사업을 시작했다. 그리고 20억여 원을 들여 이 공원에 세계에서 가장 큰 '세계평화의종'을 건립하기로 했다. 종은 평화를 염원하는 마음에서 세계 각국의 분쟁 지역에 있는 철을 모아서 만들기로 했다. 화천군이 이 사업을 시작한 이유는 여러 가지다. 우선 화천군은 산업과 관련된 공장이 별로 없고 농토도 많지 않다. 이미 이름이 나 있는 얼음축제, 산천어축제, 쪽배축제 등에서 알 수 있듯이 주로 관광산업을 통해 군 재정을 확보하고 지역 경제를 유지한다. 평화공원도 관광산업의 일환으로 기획되었다. 휴전선 근처에 평화의 개념이 투영된 공원을 만들고, 거기에 평화를 상징하는 세계 최대의 종을 만들어 국내외 관광객을 유인한다는 것이다. 문제는 세계 각국 분쟁 지역의 철을 어떻게 가져올 것인가였다. 군청의 관료가 직접 시행하는 전통적인 행정으로는 이 문제를 해결할 수 없었다. 따라서 화천군은 전통적인 통치(government)방식을 과감하게 버리고 새로운 국정 관리방식인 거버넌스 시스템을 실행하기로 했다.

정부가 민간과 협력하여 각종 사회 문제를 해결하는 민관 협력방식은 여러 가지다. 예를 들어 정치학이나 행정학에는 참여(participation), 사회적 구상, 파트너십, 공생산, 위탁(outsourcing) 등과 같은 개념이 있다. 물론 이러한 개념들은 그 의미가 조금씩 다르고 사용하는 맥락에서도 차이가 있다. 민관 협력을 표현하는 많은 개념이 있는데도 1990년대 이후 거버넌스라는 개념이 등장했다. 〈그림 5-1〉에서 보는 바와 같이 화천군이 세계평화의종을 건립하기 위해 도입한 것은 단지 지방정부의 위원회에 자문위원을 초청하거나, 재정을 지원하고 일정한 감독을 하거나, 외부에 업무를 위탁하는 방식이 아니었다. 세계평화의종 건립위원회에는 화천군 공무원과 철공 전문가뿐만 아니라, 지역 시민사회의 다양한 사람이 참여했다. 그리고 화천군뿐만 아니라 강원도와 서울의 NGO도 참여했으며, 이들은 건립위원회와 국제기구 및 다른 나라 NGO를 연결해주었다. 따라서 분쟁 지역의 철은 이들 NGO가 형성한 네트워크를 통해 국내로 반입되었다. 물론 여기서는 정부가 독단적으

〈그림 5-1〉 화천군 세계평화의종 거버넌스 모델

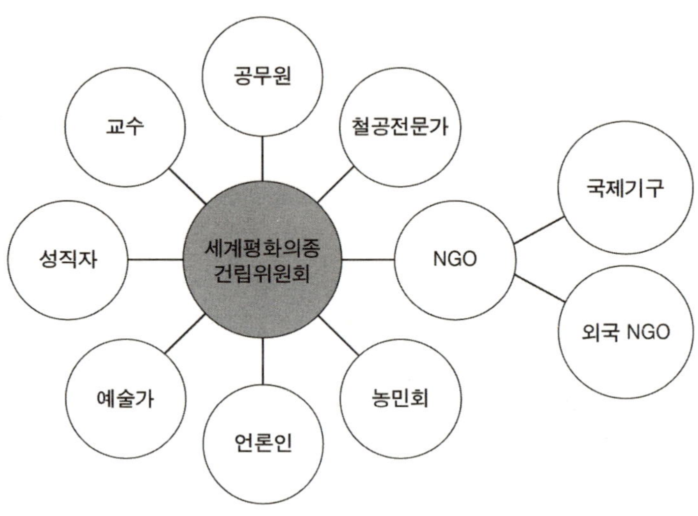

로 결정을 내리는 것이 아니라, 정부와 정부 외의 행위자가 함께 의사를 결정한다.

거버넌스는 간단하게 말해 정부와 정부 외의 행위자가 권한과 책임을 공유하고 함께 공공 문제를 해결하는 시스템을 말한다. 거버넌스는 공적 영역과 사적 영역의 경계 완화, 비정부 행위자의 참여 확대, 수평적 네트워크 구축, 상호 협력과 조정 강화, 권력 분화와 의사소통 확대 등과 같은 특징을 가진다. 따라서 기존의 참여, 사회적 구상, 파트너십, 공생산, 위탁 등과 같은 개념에 비해 급진적인 통치 양식의 변화를 내포한다. 국가 중심의 통치에서 벗어나 국가의 권위와 강제력을 제한하고, 다양한 사회적 행위자의 가치를 창의적으로 수용하는 것이다. 특히 정부의 조직 구조인 관료제(hierarchy) 대신에 다양한 행위자가 참여하여 상호 의존하는 복합 조직이 중시된다.

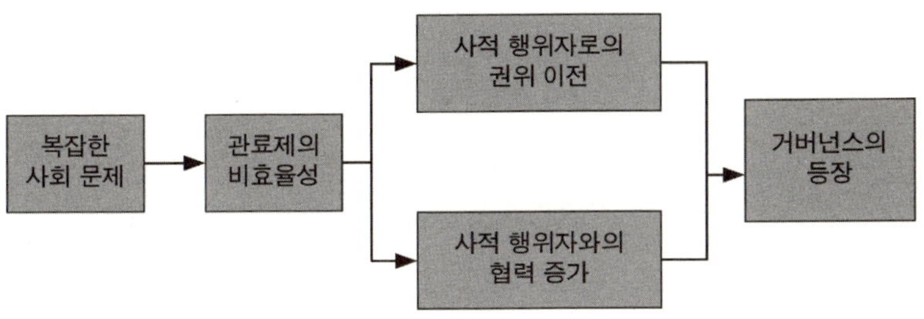

〈그림 5-2〉 거버넌스의 등장 배경

1990년대 이후 전 세계 사회과학계에서 거버넌스라는 개념이 들불처럼 확산된 것은 정부의 권력 구조와 운영방식에 대한 근본적인 변화의 필요성 때문이다. 국가 권력은 지구화·지방화와 맞물려 수직적으로 정부간기구와 지방자치단체로 이동했으며, 신자유주의의 확대와 시민사회의 영향력 강화로 기업과 시민사회로 수평적으로 이동했다. 이른바 권력 이동(power shift)이 일어난 것이다. 따라서 중앙정부에 집중된 권력이 분산되었다. 또한 다른 측면에서 보면 사회 문제가 복잡해짐에 따라 위계적인 관료 조직으로는 대응할 수 없어졌다. 이른바 통치 능력의 위기(governability crisis)가 나타난 것이다. 따라서 정부 외의 행위자와 상호 협력하는 것이 필요했다. 1980년대 이후 세계적으로 국가 개입주의가 한계를 드러내고 신자유주의가 다양한 문제를 야기하는 가운데 변화에 적응하기 위해 새로운 조정 메커니즘이 필요했다. 달리 말하면 국가 통치의 한계를 보여주는 것으로서, 국가 중심의 해체와 인민주권의 강화를 의미한다. 거버넌스의 등장 배경을 정리하면 〈그림 5-2〉와 같다.

현대사회는 사회구조가 복잡하고 욕구가 다양하기 때문에 정부가 외부 행위자를 정책 과정에 참여시켜 함께 문제를 해결하는 것이 필요하다. 따라서 거버넌스에서는 정부가 기업이나 시민사회의 각종 결사체와 함께 문제를 해결하는 의사 결정 구조를 만든다. 여기서 특히 중요한 것은 시민사회의 참여이다. 기업도 국가적 차원에서 거버넌스에 참여하며, 특히 지방적·지구적 차원에서 참여가 활발하다. 지방 산업의 활성화를 위해 지방정부가 지역 기업과 협력하고, 개발도상국의 빈곤을 해결하기 위해 유엔이 세계은행(World Bank)이나 다국적기업과 협력하는 경우를 예로 들 수 있다. 그러나 복지와 관련된 거버넌스에서는 기업보다 시민사회 혹은 비영리섹터의 결사체가 주로 참여한다. 이것은 미국 정치학자 레스터 샐러먼(Lester Salamon)이 말하듯이, 시민사회가 오래전부터 복지 서비스를 생산해왔고, 작은 규모로 운영될 수 있으며, 기부금과 자원활동을 동원하고 인간적인 요구에 응답하는 데 유리하기 때문이다. 그리고 무엇보다도 비영리를 추구한다는 시민사회의 가치가 정부 원리에 부합하기 때문이다.

국가가 복지사회를 구축하기 위해서는 반드시 시민사회와 협력해야 한다. 거버넌스의 실행에 시민사회의 참여가 얼마나 중요한가를 소년소녀가장 지원을 예로 들어 한번 살펴보자. 2012년 현재 「국민기초생활 보장법」에 따라 4인 가구 기초생활 수급자에게는 매월 149만 원의 생계비를 지원한다. 2인 가구의 최저생계비는 94만 원이다. 중학교 3학년 여학생이 초등학교 6학년 남동생을 데리고 살아가는 소녀가장이 있다고 하자. 〈그림 5-3〉에서 보는 바와 같이 정부가 매월 94만 원을 지원한다고 하더라도 소녀가장이 직면하는 문제는 단지 생계비만이 아니다. 비용과 시간이 부족하여 다른 친구들처럼 학원에 갈 수 없기 때

문에 학습 지원이 필요하고, 사춘기에 들어선 여학생에게 상담자도 중요하다. 재정이 부족하면 추가적인 지원이 필요하며, 어린 학생이 할 수 없는 가사를 위해 노력 봉사를 할 자원봉사자도 있어야 한다. 그리고 이 학생들이 장애인이라면 자활지원도 해주어야 한다. 따라서 동 단위에서 NGO를 중심으로 지원자의 네트워크를 구축하고, 여기에 지방정부도 참여하는 것이다. 이러한 과정을 거치지 않고 단지 소년소녀가장에게 매월 최저생계비만 지원한다면, 이들이 안전한 환경에서 건강하게 성장하는 것은 거의 불가능하다.

각종 공공 문제를 해결하는 데 시민사회가 참여하게 해 거버넌스를 실행하는 것은 단지 복지사회를 구축하는 데 필요한 복지 서비스의 원활한 생산에서 끝나지 않는다. 거버넌스의 확대는 건강한 사회에 필수적인 공공성을 증대하는 효과가 있다. 대중에 대한 공공 문제의 개방과 공익에 대한 시민의 감수성을 지향하는 공공성은 기본적으로 국가의 관심 사항이다. 그런데 공공 문제에 대한 시민 참여의 기회를 제공하지 않으면 공공성을 증대하기 어렵다. 일단 참여 통로가 차단되면 시민들은 공공 문제에 무관심하고 사적 이익에 집중한다. 그리고 시민사회 참

여가 차단되면 정부는 공공성을 유지하지 못하고 부패하거나 비밀주의
에 빠진다. 우리는 정부가 법치의 틀에서 벗어나 인권을 억압하거나,
공평하지 못하고 이권과 타협하여 부패하거나, 각종 정책을 공개하지
않고 비밀리에 행하는 것을 잘 알고 있다. 또한 신자유주의하에서는 공
공재 생산을 줄이고 분배 정의를 경시하는 방향으로 나아가고 있다. 따
라서 인권·공평·투명·분배 등을 강조하는 시민사회 행위자를 참여하게
해 이러한 문제를 해결해야 한다. 더구나 시민사회가 자율, 연대, 다원
성, 환경, 국제 원조, 영성, 대안사회 등의 가치를 지니고 있다는 점에
서 거버넌스를 통해 공공성의 양적 풍요를 가져올 수 있다. 그리고 시
민사회는 개인의 주체성, 타자윤리, 적극적 책임, 절대적 신뢰, 소수자
보호, 공론장 활성화 등을 중시한다는 점에서 거버넌스를 통해 공공성
의 질적 증대를 가져올 수 있다.

신 뢰 사 회 의 형 성

1. 부패의 척결

정년퇴직을 앞둔 선배 교수가 한 사립대학 총장 공모에 응시했다. 다행히 1차 심사에 통과한 5명에 포함되었다. 그래서 난관이 많지만 총장이 된다는 기대로 최선을 다해 2차 심사를 받았다. 그런데 나중에 알고 보니 1차 심사에서 탈락한 사람이 총장이 되었다. 이른바 힘깨나 쓰는 권력자가 개입한 것이다. 더구나 이 대학은 재단이 사고가 나서 관선이사가 파견된 상태였기 때문에 권력자가 쉽게 개입할 수 있었다. 시민사회에 있는 사립대학이 이 정도라면 국가 영역과 시장 영역은 어느 정도로 부패했을까? 아마 검찰이 마음먹고 뒤진다면, 한국 사회의 어느 영역이든 온갖 비리로 범벅이 되어 있을 것이다.

부패를 척결하지 않고서는 공정한 사회도 될 수 없고 신뢰사회도 형성할 수 없다는 것은 분명하다. 부패는 특권을 이용하여 다수의 희생을 볼모로 사익을 추구하는 전형적인 지대추구(rent seeking)에 속한다. 부정부패가 만연하면 사람들은 정상적인 방법으로 거래를 하지 않는다. 부정한 방법을 사용하는 것이 거래 비용(transaction cost)을 낮출 수 있기 때문이다. 이런 점에서 부정부패는 법의 지배를 무용하게 만들고 사회적 윤리를 침윤한다. 따라서 부패는 엄청난 사회적 비용을 초래한다. 특히 부패가 만연하면 국가가 위기에 처했을 때 국민에게 협력과 희생을 설득할 수 없기 때문에 위기가 악화된다. 예를 들어 경제위기가 닥쳤을 때 국민들은 정상적인 방법을 사용하기보다는 매점매석을 하거나 혼자 살아남기 위한 방도를 취한다. 이것은 공동체의 토대를 붕괴하는 심각한 결과를 초래한다.

부패가 초래하는 사회적 비용 때문에 정치 지도자는 항상 부패 척결을 외친다. 한국에서는 새로운 정부가 들어서면 하나같이 부패를 청산하겠다고 으름장을 놓는다. 그와 동시에 정부에 대한 지지율이 올라간다. 그러나 그 정부의 임기 말이 되면 온갖 비리가 터지면서 정부에 대한 지지율은 곤두박질친다. 나아가 권력자와 그의 가족이 구속되고, 심지어 대통령도 각종 부정행위로 검찰 조사를 받고는 한다. 그래서 청와대를 떠난 대통령이 전직 대통령으로서 제대로 활동하는 경우가 거의 없다. 한국은 2012년 현재 세계에서 대략 경제력(국내 총생산) 15위, 무역량 10위 정도를 차지하고, 학업 성취도와 대학 진학률이 세계 1위 수준이다. 그런데 〈표 6-1〉에서 보는 바와 같이 2011년에 국제투명성기구(Transparency International: TI)가 발표한 자료에 따르면, 한국은 부패지수가 높아 청렴도 순위는 세계 39위이다. 한국보다 경제력이나 교육수준이 훨씬 낮다고 생각되는 아이슬란드(11위), 카타르(19위), 칠레(21위), 우루과이(24위), 에스토니아(26위), 슬로베니아(27위), 아랍에미리

〈표 6-1〉 2010년 주요 국가 청렴도 순위

국가	청렴지수	순위
뉴질랜드	9.3	1위
핀란드	9.3	1위
싱가포르	9.3	1위
스웨덴	9.2	4위
핀란드	9.2	4위
홍콩	8.4	13위
독일	7.9	15위
일본	7.8	17위
영국	7.6	20위
미국	7.1	22위
프랑스	6.8	25위
스페인	6.1	30위
타이완	5.8	33위
몰타	5.6	37위
브루나이	5.4	39위
한국	5.4	39위

트(28위), 키프로스(28위) 등보다 훨씬 뒤져 있고, 지수 수준은 1위인 뉴질랜드·핀란드·싱가포르의 거의 절반 정도이다.

한국 사회가 경제력과 교육 수준에 비해 부패지수가 높은 것은 독특한 역사적·문화적 배경에 연유한다. 사실 한국 사회는 짧은 기간에 급속하게 근대화를 달성했기 때문에 근대적 가치가 제대로 정착되지 못했다. 합리주의나 법치주의와 같은 이념은 중요한 근대적 가치이지만, 한국 사회에서는 아직도 이런 이념이 보편적 가치로 자리 잡지 못하고 있다. 그리고 급속한 경제 성장 과정에서 물질 축적에 집착하면서 법을 무시하고 각종 편법을 동원하는 문화가 만연되어 있다. 게다가 전환기 사회 체제에서 새로운 윤리와 도덕을 정립하지 못하여 사회를 지탱할 보편적 윤리가 부재한 상황이다. 이러한 현상은 근대화의 압축혁명을 고려한다면 당연히 나타날 수밖에 없는 사회적 병리라고 할 수 있다. 그런데 이러한 사회적 병리가 제대로 치유되지 않고 있는 것은 사회 지도층의 이기주의 및 도덕 불감증과 밀접한 관련이 있다. 법치가 무너지고 윤리가 부재한 상태에서 사회 지도층이 앞장서서 법의 권위를 세우고 준법의 모범을 보이기보다는 교묘하게 법망을 피해 자기 이익을 추구했기 때문이다.

그렇다면 어떻게 부패를 척결하고 법치주의를 실현할 수 있을까? 아이러니컬하게도 법치주의를 법에 의해 실현하는 데는 한계가 있다. 사실 한국에서는 국가가 강제력으로 법치주의를 실현하려고 했을 때 부패가 더욱 심했다. 국가가 법치주의를 확립하기 위해 엄정한 법 집행의 관행을 세우는 것은 분명 필요하다. 그러나 그것은 법의 집행만으로 되지 않는다. 이것은 청소년에 대한 의식조사에서 잘 드러난다. 대부분의 청소년이 응답하기를, 다른 사람이 보지 않으면 법질서를 지킬 필요가 없고, 뇌물로 문제를 해결할 수 있다면 뇌물을 쓸 것이며, 부정부패를 목격해도 나에게 손해가 되지 않으면 모른 체하겠다고 한다. 사회 지도층과 기성세대의 불법 관행과 이기주의가 다음 세대까지 부정적 유산으로 이어지고 있는 것이다.

부정부패를 줄이고 법치주의를 확립하기 위해서는 법의 지배와 함께 시민 감시체계도 있어야 한다. 또한 과도한 물질문명을 제어하고 공동 이익을 위해 서로 협력하고 봉사하는 문화를 형성하는 것이 중요하다. 문화란 사회 구성원의 공통 가치와 생활 양식을 말한다. 이런 문화는 법과 성격이 다르다. 그것은 강요로 형성되지 않고 오랜 기간에 걸처 사람들의 생활 속에서 관습화된다. 이렇게 본다면 문화는 기본적으로 시민사회에 속한다. 시민사회란 달리 말해 시민문화가 재생산되는 공간이다. 실제로 시민사회에는 국가와 시장의 부정부패를 감시하고 시민사회의 도덕성 증대를 위해 다양한 시민운동을 전개하는 문화가 있다. 투명하고 공평한 사회를 만들기 위한 시민사회의 자발적 운동을 활성화하는 것은 부패를 척결하고 신뢰사회를 형성하는 데 매우 중요하다. 국가는 시민사회의 이러한 성격을 이해하고, 법치주의를 확립하여 부패를 줄이기 위해 시민사회를 활용하는 지혜를 갖춰야 한다.

2. 공정사회의 확립

2012년 6월 한 사회조사 전문기관이 전국 성인 1,000여 명을 대상으로 한국 사회가 과연 공정한가 물어보았다. 그런데 한국 사회가 공정하다고 대답한 사람은 단지 10%를 조금 넘을 뿐이었다. 〈표 6-2〉에서 보는 바와 같이 74%가 불공정하다고 답했다(나머지는 모름 또는 무응답). 미국 사람 62%가 미국이 공정하다고 답한 것과 크게 차이가 있다. 정부가 시장에 개입해야 하는가에 대해서는 한국 사람 72%가 찬성했다. 그에 비하여 미국 사람 52%는 정부가 시장에 개입해서는 안 된다고 했다. 부자에 대한 세금 인상에 대해서도 한국 사람(72%)은 미국 사람(65%)보다 찬성 비율이 높았다. 정부의 시장 개입이나 부자에 대한 중과세는 공정사회와는 직접적인 관련이 없다고 할 수도 있지만, 시장의 공정성이나 부(富) 축적 관행과 일정한 관련이 있다. 위의 조사에 따르

〈표 6-2〉 한국과 미국의 공정사회에 대한 의견

질문	그렇다고 답한 사람의 비율	
	한국	미국
우리 사회는 공정한가	–	62%
우리 사회는 불공정한가	74%	–
정부는 시장에 개입해야 하는가	72%	–
정부는 시장에 개입하지 않아야 하는가	–	52%
부자한테 많은 세금을 징수해야 하는가	72%	65%

면 한국 사람은 시장의 공정성이나 도덕성에 대해서도 매우 불신하고 있다. 인터넷 사이트에서도 청소년을 대상으로 조사를 했는데, 더욱 부정적인 의견이 나왔다.

신뢰사회를 만들기 위해서는 공정사회 구축이라는 과제를 반드시 통과해야 한다. 공정사회를 확립하기 위해서는 무엇보다도 공정한 게임이 이루어져야 한다. 공정한 게임이란 단지 법의 공평한 집행만으로 끝나지 않는다. 게임의 규칙(rule)을 누가 정하는가 하는 주체의 문제가 내재되어 있기 때문이다. 사회적 강자가 자신에게 유리하도록 게임의 규칙을 정하고 그것을 지키라고 하면, 공리주의적 관점의 법치주의에 부합할지는 몰라도 공정한 게임이라고 하기는 어렵다. 주로 사회적 약자가 공정사회를 주장하고, 심지어 국가가 하층 서민의 지지를 확보하기 위한 수단으로 공정사회를 활용한다는 점에서, 공정사회는 사회적 강자의 도덕적 의무, 결과의 평등 등 사회적 약자를 배려하는 요소를 포함한다. 그런가 하면 일본의 사상가이자 평론가인 가라타니 고진(柄谷行人)이 지적한 것처럼, 오늘날 공정사회는 일국의 도덕을 넘어 세계의 윤리로 확장된다. 게다가 독일의 철학자 한스 요나스(Hans Jonas)를 비롯하여 많은 환경주의자가 주장하듯이, 공정사회는 인간의 범주를 초월하여 자연에 대한 책임으로까지 이어질 수 있다.

먼저 기회 균등을 보장하는 것은 공정사회의 첫걸음이다. 치열하게 경쟁하고 있는 상황에서 기회가 공정하게 주어지지 않으면 신뢰는 무너지고 만다. 신뢰가 무너지면 사람들은 정해진 규칙을 따르기보다는 부정한 방법으로 자신의 목적을 달성하려고 한다. 기회 균등의 관점에서 한국 사회는 공정하다고 하기 어렵다. 두말할 필요도 없이 한국 사회의 규칙은 강자에게 유리하도록 짜여 있다. 가장 대표적인 것이 바로 교육이다. 사실 교육은 경쟁의 출발선을 정하는 것과 같기 때문에 기회 균등의 핵심 요소이다. 그러나 한국은 이 근본에서부터 공정한 경쟁이 무너진 지 오래되었다. 한국은 사실상 공교육이 와해되고 사교육이 일상화된 나라이다. 이렇게 되면 고소득자, 고학력자의 자녀가 유리하다는 것은 두말할 필요도 없다. 〈표 6-3〉은 2010년 서울시 자치구별 서울대학교 합격자 수가 많은 구와 적은 구를 가구당 월평균 소득과 비교한 것이다. 소득에서 예외가 있고 고등학교 수에서 차이가 있기는 하지만, 대체로 소득이 높은 지역일수록 일류 대학에 갈 확률이 높다(자료에 나타나는 가구당 소득이 부의 기준이 된다는 점에서 한계가 있음을 고려해야 한다). 특히 서울의 부자동네라고 하는 강남 3구(강남구, 서초구, 송파구)의 서울대학교 합격자 수 비율은 서울 전체의 41%를 차지한다(기준을 서울대학교 합격자 수로 한 것은 문제가 있지만, 한국은 서울대공화국이라고 해도 과언이 아니다). 사회 고위층이나 부자의 자녀만 갈 수 있는 특수 고등학교를 제외한 일반 고등학교만 해도 이렇다.

공정사회를 만들어 서로 신뢰하는 사회가 되기 위해서는 기회 균등

<표 6-3> 2010년 서울시 자치구별 일반고의 서울대학교 합격자 수

구분	서울대학교 합격자 수(명)	가구당 월평균 소득(만 원)	일반계 고등학교 수(개)
강남구	145	454	17
서초구	77	480	10
송파구	70	376	16
노원구	50	298	17
강동구	42	337	10
양천구	36	336	12
강서구	35	293	17
은평구	26	292	10
성북구	14	291	9
마포구	12	360	6
구로구	12	317	10
중랑구	11	264	8
중구	10	281	6
동작구	10	317	6
성동구	4	331	4
금천구	4	241	5

만으로는 충분하지 않다. 기회가 균등하다고 하더라도 사회적 약자는 항상 존재하기 마련이다. 그래서 공정사회는 사회적 강자의 도덕적 의무 이행을 요구한다. 사실 한국에는 서구 사회처럼 '귀족의 의무'를 뜻하는 노블레스 오블리주(noblesse oblige)가 제대로 정착되지 못했다. 물론 귀족의 자녀들로 구성되어 전쟁터에서 앞장서서 싸워 삼국통일을 이루어낸 신라의 화랑이 있다. 그리고 서구인들도 탄복하는 경주 최씨 부잣집의 희생정신도 있다. 1600년대에 부(富)를 쌓아 가문을 일으킨 최진립은 후손들에게 일정한 수준 이상의 재산 축적과 권력 획득을 금지했을 뿐만 아니라, 유훈으로 과객을 후하게 대접하고 흉년에는 논밭을 사지 말게 했다. 심지어 시집온 며느리는 3년 동안 무명옷을 입고,

사방 100리(40km) 이내에 굶어 죽는 사람이 없게 하라고 했다. 부자가 삼대(三代)를 못 간다는 한국 속담이 있는데도, 최씨 집안의 부는 12대에 걸쳐 300년 동안 유지되다가 12대 최준에 와서 재산을 모두 탕진했다. 그 이유도 항일운동에 필요한 독립운동 자금을 대고, 광복 후 전 재산을 교육사업에 기부했기 때문이었다.

그러나 오늘날 한국 사회의 지도자 그룹은 온갖 부정을 일삼으며 부정한 방법으로 부를 축적한다. 그리고 편법을 동원하여 권력과 부를 세습하려고 한다. 장관이 버젓이 자신의 자녀를 고위 공무원으로 특채하고, 기업 대표가 탈세하여 부를 자식에게 물려주는 것은 말할 것도 없으며, 교회까지도 자식에게 물려주어 교인들과 갈등을 빚기도 한다. 그런가 하면 사회적 의무를 행해야 할 때는 온갖 편법과 연줄을 통해 빠져나간다. 이것은 병역의무 이행 같은 데서 쉽게 찾아볼 수 있다. 군대에 가는 사람은 기본적인 신체 조건과 학력, 재산을 갖추어야 한다. 국회의원, 고위 공무원, 법관, 기업체 대표, 대기업 이사, 의사 등 사회 고위층의 자녀는 상대적으로 신체·학력·재산 등에서 조건이 좋을 수밖에 없다. 따라서 군 입대 비율도 당연히 높아야 한다. 한국에서 일반인의 병역 면제율은 대체로 2% 안팎이다. 그런데 2008년 이명박 정부의 장차관급 고위 공무원 자녀의 병역 면제율은 11.2%였다(이명박 정부의 장차관도 대부분 군대에 갔다 오지 않았다). 그런가 하면 2011년 한국 11개 주요 재벌 자녀의 병역 면제율은 35.1%(조사 대상자 114명 중 40명 면제)에 달했다. 〈그림 6-1〉에서 보는 바와 같이 병역 면제의 이유도 질병(11명), 외국 국적 취득(9명) 등 사회적으로 통용되기 어려운 것이었다.

공정사회가 되기 위해서는 결과의 평등에도 신경을 써야 한다. 그러

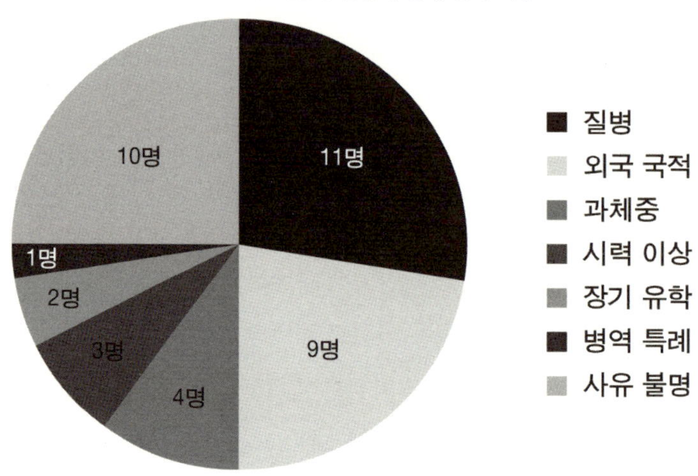

〈그림 6-1〉 재벌가 남성의 병역 면제 사유

나 한국 사회는 사회주의에 대한 이해와 지지가 부족하기 때문에 결과의 평등에 매우 민감하게 반응한다. 결과의 평등을 위해 조금만 좌측으로 방향을 틀어도 공산주의자로 몰아붙이는 프로파간다(propaganda)가 판을 친다. 이렇다 보니 부자는 더욱 부자가 되고, 가난한 사람은 더욱 가난해진다. 한국은 OECD 34개국 중 미국 다음으로 부자와 빈자의 불평등이 심하며, 또한 불평등이 점점 확대되고 있는 대표적인 국가이다. 앞서 살펴본 것처럼 미국 사람들이 대체로 자국을 공정사회라고 여긴다는 것을 고려한다면, 한국에서 부의 불평등은 공정사회를 확립하는 데 커다란 장애가 된다. 2012년 조세연구원이 조사한 바에 의하면, 한국 상위 1%의 소득은 전체 소득의 16.6%에 해당한다. OECD 주요 19개국(한국 제외)의 상위 1%의 소득이 전체 소득의 9.7%라는 점을 감안하면, 한국의 소득 불평등은 매우 심각하다. 한국보다 부의 쏠림이 심한 국가는 미국(17.7%)뿐이다. 이웃 일본의 경우 상위 1%의 소득이 전

국가	지니계수	비고
핀란드	0.247	
벨기에	0.250	1997년 조사
덴마크	0.257	1997년 조사
오스트리아	0.266	1997년 조사
폴란드	0.293	1999년 조사
헝가리	0.295	1999년 조사
캐나다	0.305	1998년 조사
영국	0.345	1999년 조사
한국	0.358	
미국	0.368	
멕시코	0.494	1998년 조사

체 소득의 평균보다 낮아서 9.3%밖에 되지 않는다. 〈표 6-4〉는 지니계수(0과 1 사이)를 이용하여 2000년 OECD 주요 국가의 소득 배분 불평등 정도를 나타낸 것인데, 여기서도 한국은 멕시코와 미국 다음으로 불평등이 심했다.

국가는 정당성을 높이기 위해 기회 균등은 말할 것도 없고 사회적 강자의 도덕적 의무나 결과의 평등을 위해 노력한다. 그러나 한국 사회에서 기회 균등조차 사회적 합의가 쉽지 않다는 점을 감안하면, 사회적 강자의 도덕적 의무나 결과의 평등을 요구하는 것은 매우 어려운 과제다. 따라서 시민사회를 적극적으로 활용하는 우회 전략이 필요하다. 시민사회는 시민운동을 통해 공정사회를 위한 게임 규칙을 주창하고 권력을 감시하는 역할을 한다. 따라서 정부가 공정사회를 구축하기 위한 제도를 형성할 때 시민사회의 지지세력을 활용할 수 있다. 또한 공정사회를 이룩하기 위해서는 사회적 강자가 도덕적 의무를 행하고 결과의 평등을 위해 양보하는 문화가 있어야 하는데, 시민사회는 사회적 약자를 보호하고 공동체 이익을 위해 선(善)을 행하는 공공성이 강한 영역이다. 시민사회에서 활발하게 일어나는 자원활동, 기부 행위, 상호 부조 등을 예로 들 수 있다. 물론 이러한 사고와 행위는 국경을 넘어 타국으로 이어지고, 인간의 경계를 넘어 자연으로 확장되기도 한다. 따라서 국가는 공정사회를 확립하여 신뢰사회를 구축하고자 한다면 민주시민교육, 자원활동, 기부 행위, 국제 협력, 자연보호 등이 시민사회에서 활성화되도록 제도적 지원을 아끼지 않아야 한다.

3. 사회자본의 확대

아침이면 초등학교 앞 횡단보도에서 파란 단복을 입고 교통정리를 하는 학부모들을 볼 수 있다. 녹색어머니회에 속한 학부모들이 등굣길에서 초등학생의 안전을 위해 활동하고 있는 것이다. NGO의 이러한 자발적 활동이 한국 사회에 어떤 의미가 있을까? 다음 사항을 보면 그것을 잘 알 수 있다. 〈표 6-5〉에서 보는 바와 같이, 한국은 2008년 OECD 30개국 중 어린이(14세 이하) 교통사고 사망률이 가장 높을 뿐만 아니라(10만 명당 4.1명), 국가 평균(2.4명)의 거의 2배에 달한다. 아이러니컬하게도 어린이 교통사고는 주로 신호등이 있는 횡단보도에서 일어난다. 이것은 신호체계만으로는 해결할 수 없다. 그렇다고 공무원들이 출근하기 전에 전국 도시의 초등학교 등굣길에서 교통정리를 하도록 강요할 수도 없는 일이다. 이러한 상황에서 NGO는 정부가 할 수 없는

<표 6-5> 2008년 어린이 교통사고 사망률

구분	주요 내용	비고
조사 대상	OECD 30개국	
평균	10만 명당 2.4명	14세 이하 어린이 대상
한국 평균	10만 명당 4.1명	조사 대상국 중 30위
일본 평균	10만 명당 1.7명	조사 대상국 중 1위

일을 시민운동으로 전개하거나 정부와의 거버넌스를 통해 함으로써, 사회 안전을 도모하고 사회적 비용을 절감하는 중요한 역할을 한다.

녹색어머니회의 활동은 하나의 시민운동이자 자원봉사라고 할 수 있다. 이것은 사회자본에도 해당한다. 사회자본이란 물적 자본(physical capital)과 인적 자본(human capital)에 대한 상대적인 개념으로, 개인의 사회적 연결망과 이 연결망을 통해 발생하는 각종 가치나 규범을 말한다. 가장 대표적인 것이 신뢰이다. 그리고 협력, 연대, 상호 호혜, 공동체 정신, 공익 정신, 봉사활동, 네트워크 등을 예로 들 수 있다. 오늘날 전 세계 사회과학계에서 사회자본은 핵심 개념이다. 사회자본이라는 개념이 이렇게 중요한 개념으로 언급되고 연구되는 것은 녹색어머니회의 사례에서 보는 바와 같이, 사회자본이 민주주의와 경제가 발전하고 신뢰를 구축하는 데 효과가 매우 긍정적이기 때문이다. 사회자본을 연구하는 많은 학자는 사회자본이 활발하게 생성되는 것이 개인 정체성 확립, 공동체 의식 강화, 거래 비용 축소, 경제 성장 촉진, 민주주의 발전 등에 효과가 있음을 밝혀주고 있다.

실제로 사회자본이 사회를 더욱더 공동체적이고 민주적인 국가로 만들 수 있는가에 대해서는 미국 하버드 대학교 정치학자 로버트 퍼트넘(Robert Putnam)의 이탈리아 사례 연구를 살펴보면 잘 알 수 있다. 퍼트넘은 1970년대부터 이탈리아의 남부와 북부 사이에 사회적 효율성과 민주주의 발전에서 나타나는 차이의 원인을 20년간 다양한 연구방법을 동원하여 추적했다. 그 결과 퍼트넘은 기존 산업 구조와 다른 원인이 있다는 사실을 밝혀내어 세계 사회과학계를 깜짝 놀라게 했다. 즉, 이탈리아의 북부가 남부보다 사회제도의 운용이 뛰어나고 민주주의가 발전한 것은 사회자본에서 차이가 있기 때문이라는 것이다. 북부는 남부보다 투표율이 더 높고, 신문 구독자 수가 더 많으며, 동아리와 NGO 활동이 남부보다 더 활발하여 시민의 결속감이나 공익 활동 참여가 발달했다. 간단하게 말하면, 이탈리아 남부에는 녹색어머니회와 같은 단체가 드물기 때문에 횡단보도에서 어린이가 죽어가도 무덤덤하거나 정부만 바라보고 있는 데 비해, 이탈리아 북부는 시민 스스로 그런 문제를 해결하기 위해 다양한 활동을 전개한다는 것이다. 이러니 사회자본이 활성화되면 민주주의가 발달하고 삶의 질이 높아지는 것은 당연할 수밖에 없다.

시민사회에서 다양한 결사체, 특히 공익성이 강한 NGO가 많이 결성되어 서로 네트워크를 형성하고 상호 연대를 통해 공익 활동을 전개하다면, 분명 개인 간에 신뢰는 깊어지고 상호 호혜의 문화는 발달할 것이다. 퍼트넘이 미국에 대해 실행한 연구에 따르면, 사회자본이 발달할수록 법의 지배가 효과적으로 작동하고 부패가 감소하며 정치적 안정을 이룰 수 있다고 한다. 그 이유는 사회자본이 조직 내에서 구성원에게 심리적 지지를 제공하기도 하지만, 사회적으로 이기주의와 무임승차(free riding)의 동기를 줄이는 효과가 있기 때문이다. 개인들이 자발적으로 결사체를 만들어 그 속에서 서로 소통하고 협력하여 공익 활동을 전개한다면, 상호 존중과 관용 정신이 확대된다는 것은 분명하다. 그만큼 신뢰사회를 구축하는 데는 사회자본이 활발하게 생성되는 것이 필요하다. 특히 신뢰사회를 구축하는 데 사회자본이 중요한 이유는, 그것이 공정사회의 제도적 장치를 넘어 시민 사이에 협력과 연대의 규범을 적극적으로 생성하기 때문이다.

이처럼 신뢰사회를 형성하는 데 중요한 사회자본은 주로 시민사회에서 활발하게 생성된다. 시민들이 자율적으로 참여하여 서로 교류하고 가치를 함께 추구하는 시민사회는 그야말로 사회자본을 제조하는 공장이라고 할 수 있다. 특히 NGO는 자율성·자원성·공공성·연대성 등의 특징을 지니고 활발하게 의사소통을 하고, 서로 네트워크를 구축하며, 공익 증진을 위한 시민운동을 전개한다. 따라서 이러한 NGO 활동 속에서 신뢰, 협력, 연대, 공동체 정신, 공익 정신 등이 발달한다. 그리고 수평적인 네트워크가 그물망처럼 연결된다. 특히 NGO가 중요한 것은 가족 내의 이기주의, 이익집단의 집단 이기주의, 연고 조직의 폐쇄성 등을 극복하고, 구성원 간에 민주적이고 개방적이며 공공성이 강한 시민의식을 강화한다는 점이다. 실제로 요즈음에는 NGO 활동의 책무성과 효과성을 사회자본으로 평가할 정도로 NGO는 사회자본의 생성을 중시한다.

사회자본이 신뢰사회를 구축하고, 신뢰사회를 구축하는 것이 사회적 효율성을 높이며 민주주의의 발전에 기여할 수 있다면, 정부는 사회자본을 생성하는 데 노력해야 한다. 현대사회는 너무 급격하게 변하고 있기 때문에 언제나 전환기적 상황에 처해 있다. 이 전환기에는 새로운 질서를 확립하고 시의적절한 윤리를 정립해야 한다. 그러나 그러한 질서와 윤리는 법에만 의존해서는 이루어질 수 없다. 법의 경직성과 협소성은 법이 급격한 사회 변화를 따라갈 수 없게 하고, 복잡한 사회 문제에 포괄적으로 대응하기도 어렵게 한다. 따라서 법은 전환기의 변화에 대응할 수 있는 효율적인 조정 양식으로서는 한계가 있다. 법뿐만 아니라 시장의 유통수단인 화폐도 전환기의 사회적 안정에는 한계가 있다. 심지어 정보사회에서 중시하는 정보나 지식조차도 한계가 있다. 프랑스 사회학자 클라우스 오페(Claus Offe)의 주장처럼, 현대사회와 같은 전환기적 사회에서는 오히려 비공식적이고 자발적인 조정 양식이 유효하다. 그것이 바로 시민사회에서 활발하게 생성되는 사회자본이다.

이처럼 공동체 사회와 신뢰사회를 형성하는 데 중요한 사회자본이 시민사회에서 활발하게 생성된다면, 정부는 시민사회에 대한 시각이나 태도를 바꾸어야 한다. 시민사회를 무시하거나 방관하지 않고 적극적으로 활용해야 한다. 그러기 위해서는 시민사회에 인지적 자원을 제공하고 재정적 지원을 아끼지 말아야 한다. 녹색어머니회의 활동에 지방정부나 학교가 거버넌스의 차원에서 각종 지원을 하듯이, 정부가 다양한 시민운동이 효과적으로 전개되도록 적극적으로 지원하는 것이다. 인지적 자원에서는 공익 광고가 매우 중요하다. 한국에서는 공영방송에 대한 불만이 매우 높다. 공영방송이 공공성을 제대로 담보하지 못한다는 비판은 어제오늘의 이야기가 아니다. 공영방송이 온갖 드라마를 방송하고 스포츠를 중계하면서도, 심지어 그러한 방송이 있다는 사실까지 광고하면서도, 공익 광고에 인색한 것은 거의 무지에 가깝다고 해도 과언이 아니다. 재정 지원에 대해서는 간접적으로 자원활동을 활발히 하고 기부금을 활성화하는 것도 중요하지만, 정부가 기금을 제공하여 독립재단을 만들 수도 있다. 시민사회는 우리의 삶에 필요한 중요한 가치를 보존하고 다양한 활동을 전개한다. 사회자본을 생성하는 역할 하나만 고려해도 1년에 몇백억 정도의 예산을 사용하는 것은 전혀 아깝지 않다.

공 동 체 성 의   강 화

1. 공동체의 복원

경찰서에 사람이 죽었다는 긴급한 전화가 왔다. 경찰이 달려가 보니 강도·폭행·자살과 같은 사건은 아니었다. 60대 후반 노인의 자연사였다. 일단 한숨을 돌렸다. 그런데 조사를 해보니 상황이 심각했다. 사망자의 친구에 의하면, 친구에게서 오래도록 소식이 없고 전화도 받지 않아 아파트의 문을 따고 들어가 보니 친구가 죽어 있었다는 것이다. 친구는 죽은 지 이미 몇 주일이 지났다. 집 안은 이리저리 어지럽혀져 있고 시체 썩는 냄새가 진동했다. 사망자는 화장실에 쓰러져 있었는데, 화장실에는 피를 토한 흔적도 있었다. 냉장고를 열어보니 먹을 만한 음식이 하나도 없었다. 가난하여 병원에도 가지 못하고, 그렇다고 돌봐줄 사람도 없어 혼자서 피를 토하고 죽은 것으로 보였다. 경찰의 연락을 받고 달려온 자식은 유품을 정리하는 과정에서 경대와 장롱을 뒤지며 혹시 금붙이가 없는지 저금통장이라도 있는지 확인하느라 바빴다.

이처럼 한국 사회에도 고독사(孤獨死)가 새로운 사회 문제로 등장하고 있다. 고독사란 연고가 없거나 연고와 연락이 되지 않는 사람, 특히 노인이 혼자서 외롭게 죽는 것을 말한다. 고독사는 노인인구가 많은 일본에서 오래전에 사회 문제로 등장했다. 그런데 이제 한국에서도 고독사가 사회 문제가 되고 있다. 2010년 서울에서만 고독사로 죽은 노인이 174명에 달했다. 전국적으로는 수천 명에 달할 것으로 보인다. 인생의 마지막을 가족의 보살핌과 애정 속에서 조용하고 의미 있게 장식해야 하는데, 고독하고 비참하게 생(生)을 종결해야 하는 비극이 한국 사회를 덮치고 있다. 고독사의 비극에는 인구 구조, 가족 구조, 주택 형태, 복지제도 등 여러 가지 요인이 복합적으로 작용하고 있다.

〈표 7-1〉에서 보는 바와 같이, 한국 사회도 고령화 사회로 접어들면서 노인인구가 크게 증가했다. 2011년 현재 한국에서 노인인구는 전체 인구의 11%를 차지한다(이 비율은 2040년에 33%에 이른다고 한다). 그리고 핵가족화가 확대되면서 부모와 자식이 따로 살며, 특히 1인 가구가 크게 늘었다. 2012년 현재 한국은 전체 가구 25%가 1인 가구이다. 그리고 이 1인 가구 중 25% 정도가 노인가구이다. 2010년 한국의 독거노인은 104만 명에 달한다. 이제 한국은 한편에서는 고독한 사회가 되어버렸다. 노인 자살자 60%가 독거노인이라고 하니 고독한 사회의 결과는 그야말로 암울하다. 결혼 인구가 줄어들고 출산율이 낮아지고 있기 때문에 앞으로 독거노인은 더욱 늘어날 것이다. 주택 형태는 도시화가 확대되면서 아파트 또는 연립 주택이 늘었는데, 2010년 현재 한국의 전체 주택 중 아파트나 연립 주택이 53%를 차지한다. 아파트나 연립 주택은 이웃이 서로 격리되어 있어 다른 사람이 무슨 어려움을 겪고 있는

<표 7-1> 2010년 고독사와 관련된 사항

구분	수치	비고
노인인구 비율	11%	65세 이상, 2011년 통계
1인 가구 비율	25%	2012년 통계
독거노인 수	104만 명	1인 가구의 25% 차지
노인 자살 비율	60%	노인 자살 중 독거노인 차지 비율
아파트, 연립 주택 비율	53%	다세대 주택 포함
노인 빈곤 비율	45%	평균 소득 65% 미만

지 모른 채 살아간다. 빈곤한 복지제도도 고독사와 밀접한 관련이 있다. 복지제도가 제대로 갖추어지지 않았기 때문에 경제적 빈곤을 겪는 노인들은 병원이나 요양원에도 가지 못하고, 나중에는 먹을 수도 없어서 비참하게 죽는다. 2010년 한국의 노인 빈곤은 전체 노인의 45%를 차지하여 OECD 회원국 중 1위를 차지했다.

동양은 서양의 개인주의와 비교해서 공동체 사회의 특징이 있다고 말해진다. 한국도 마찬가지다. 그러나 근대화가 급속하게 진행되면서 개인주의 혹은 이기주의가 확장되어 공동체 사회가 해체되었다. 이제 한국도 공동체 사회라기보다는 개개인이 자신의 이익을 추구하는 데 전념하는 사회가 되었다. 오래전에 페르디난트 퇴니에스(Ferdinand Tönnies)가 구분한 이익 사회(Gesellschaft)가 된 것이다. 이익사회란 공동체 사회(Gemeinschaft)와는 달리 개인이 자신의 부분적이고 특수한 목적을 달성하기 위해 공리적으로 결합하는 사회적 관계가 주(主)를 이룬다. 장사꾼이 상거래를 위해 상대방과 계약을 하고 상품을 교환하는 것과 같다. 물론 계약이 끝나면 관계는 단절된다. 따라서 이익사회에서 사람은 아무리 많은 관계를 맺고 있어도 고독하다. 그야말로 대중 속의 고독이라고 할 수 있다.

　자본주의가 고도로 발달하고 도시화가 급속도로 진행되면서 사회는 파편화되었다. 대부분의 사람은 이웃에 무관심한 채 돈을 벌기에 바쁘다. 아침저녁으로 출퇴근하면서 아파트 엘리베이터에서 이웃을 만나도 서로 인사도 하지 않고 살아간다. 심지어 강도를 당해 살려달라고 해도 모른 채하며 지나가고, 배가 고파서 죽어가도 음식을 나누어 먹을 줄 모른다. 이 정도가 되면 아파트 단지에서 아이들이 위험한 놀이를 해도 자신의 아이가 아니라고 무심코 지나친다. 교육적인 차원에서 나쁜 짓을 하는 아이들을 훈계하거나 꿀밤이라도 줬다가는 부모나 아이에게서 무슨 소리를 들을지 몰라 감히 엄두도 내지 못한다(실제로 청소년을 훈계한다고 한 대 때렸다가 도로 맞아서 사망한 사고가 종종 일어난다). 옛날 이웃집 할아버지가 잘못을 저지르는 청소년들에게 담뱃대로 머리를 때리던 일은 그야말로 호랑이가 담배 피우던 시절의 이야기이다. 우리에게 공동체니 이웃이니 하는 용어는 살아 있어도 그 실체는 거의 사라져버린 것이다.

　사실 인간은 오랜 옛날부터 집단을 이루어 서로 도우면서 살아왔다. 산속의 사찰이나 수도원에 은거하면서 살아가는 사람도 있지만, 그것은 특수한 경우에 속한다. 물론 일정한 공간에서 함께 생활하는 공동체는 역사의 진전에 따라 변해왔다. 옛날에는 좁은 지역에서 혈연이나 지연을 바탕으로 하는 집단생활을 했다. 현대 정보사회에서는 다양한 정보통신기술로 거리에 관계없이 기능적으로 연결되어 있다. 그럼에도 일정한 지리적 경계 내에서 우연히 만났거나 공통의 가치를 추구하는 집단 사이에서 상호 의존하고 협력하는 것이 중요하다. 예를 들어 우연히 같은 다세대 주택에 살고 있다고 하더라도, 이웃끼리 서로 인사를 나누며 상대가 어떻게 살아가는지 알고 지내야 한다. 인간은 혼자서 살아갈 수 없다. 인간이란 서로 교류하고 협력하면서 살아가는 문화적 정체성을 지니고 있다. 고독이라는 것 자체가 인간에게는 고통이자 불행이다. 개인의 능력이 증대하고 개인주의가 발달한 현대사회에서 공동체 정신을 강화해야 하는 이유도 여기에 있다.

인간은 이성을 가진 존재로서 타자와 상호작용을 통해 자아를 실현할 수 있다. 따라서 도시화의 진전이나 정보화의 증대와 관계없이 실존의 차원에서 공동체를 복원하고 공동체 정신을 강화해야 한다. 물론 공동체를 복원하는 것은 국가 정책에서도 중요한 부분을 차지한다. 공동체를 유지하는 것은 개인적으로도 서로에게 이익이 되지만, 그 자체로서 사회자본이기 때문에 정치적 안정을 유지하고, 사회적 효율을 높이며, 삶의 질을 증대하는 데 좋다. 간단한 예로 공동체가 복원되어 공동체 정신이 되살아나면, 국가가 제공하지 못하는 교류·친밀감·형제애·봉사 등과 관련된 기풍을 만들고 복지 서비스를 생산하는 데 유리할 수 있다. 공동체 해체는 사회적 갈등을 유발하고 폭력을 부추긴다. 그리고 인간적인 삶에 필요한 각종 가치가 사라지고, 공익을 위해 선(善)을 행하는 풍토도 와해된다. 이것은 결국 정치적 불안을 초래하고, 사회적 비용을 높인다.

공동체가 개인적으로든 사회적으로든 협력과 연대를 촉진하여 비용을 줄이는 데 기여한다면, 국가는 적극적으로 그런 문화를 진흥해야 한다. 그런데 이것은 국가의 힘이나 관료제를 동원해서 되는 일이 아니다. 그런 문화는 기본적으로 국가와 시장 바깥의 시민사회에서 생성되고 성장하기 때문이다. 따라서 국가는 공동체 정신이 회복되도록 시민사회의 활동을 촉진하고 지원을 강화해야 한다. 실제로 공산국가 소련이 망하고 자본주의 러시아로 이행하는 시기에 러시아에서는 사회적 혼란과 불안이 점증했다. 국가가 제도적으로 자본주의를 이식하여 정착시키려고 노력했으나 결코 쉽지 않았다. 그런데 러시아의 지역별 시민사회를 연구하던 학자가 시민사회에서 NGO의 생성 및 공동체 운동의 발달이 시장경제의 정착과 밀접한 상관관계가 있음을 발견했다. 자본주의의 정착이든 자본주의 문제의 해결이든, 시민사회의 공동체 문화는 새로운 제도가 정착하고 따뜻한 사회를 만들어가는 데 매우 중요하다. 따라서 정부는 시민사회에서 그런 문화가 생성되고 성장하도록 지원해야 한다.

2. 사회적 약자의 보호

1990년대 미국에 있는 중국 사람들에게 중국에서 가장 존경하는 사람이 누구인지 물어보면, 주저하지 않고 저우언라이(周恩來)라고 대답했다. 지금의 중국 사람이 자국에 대해 가지는 자긍심은 그때와는 확연히 다르지만, 그 당시에도 중국 내국인과 재외국인 사이에는 중국을 바라보는 시각이 달랐다. 1990년대 당시 미국과 같은 자유주의국가에서 거주한 중국 사람들은 대체로 자국 정부와 지도자에 대해 비판적이었다. 이것은 혁명 지도자였던 마오쩌둥(毛澤東)에 대해서도 마찬가지였다. 왜 저우언라이를 존경하는지 물어보니, 그가 정직하고 청렴하기 때문이라고 했다. 30년 가까이 중국 총리를 지낸 저우언라이는 중국 사람들에게 사심 없이 공정하게 정무를 수행하는 사람으로 정평이 나 있었다. 마오쩌둥의 혁명 동지였지만 2인자로서 살아남기 위해 근신하지 않을 수 없었다고 하더라도, 이러한 평가는 대체로 맞는 것 같다. 미국 국무장관을 지낸 헨리 키신저(Henry Kissinger)를 비롯하여 생전에 그를 만나본 다른 지도자들도 대체로 그렇게 평가했다.

그렇다면 저우언라이는 왜 그처럼 정직하고 청렴한 성품을 지니게 되었을까? 거기에는 여러 가지 원인이 작용했을 것이다. 저우언라이의 어린 시절에 그의 인격 형성과 관련된 특별한 행동이 하나 있다. 그가 중학생이었을 때 옆집에 장애인 친구가 살고 있었다. 그는 친구가 제대로 걷지 못해 학교에 가지 못하자, 2년 동안 친구를 업고 학교에 다녔다. 이것은 자녀에게 장애인과 사귀지 말라고 주의를 주고, 동네에 장애인 학교를 지으려면 주민들이 몰려나와서 데모를 하는 한국의 상황과는 정반대이다. 어린 시절부터 장애인을 위해 스스로 육체적 고통을 감수한 경험은 저우언라이가 지도자가 된 후에 오로지 10억 중국 인민을 위해 헌신하는 리더십을 발휘하게 했을 것이다.

국가는 정책적 차원에서 사회 통합을 이루려고 한다. 사회 통합을 이루려면 당연히 사회 구성원 사이의 공동체성을 강화해야 한다. 그러기 위해서는 사회적 약자를 보호하고 지원하는 것을 비켜 갈 수 없다. 사회적 약자는 일반인보다 육체적·정신적·환경적 요건이 열악하다. 따라서 그들에게는 예외 규정을 두거나 보충의 원칙을 적용해야 한다. 그렇지 않으면 사회적 불만이 점증하고 극단적인 수단을 사용하게 된다. 사회적 약자를 위해 일정한 보호장치를 마련하여 사회 적응의 기회를 제공하는 것은 일종의 긍정적 외부 효과(positive externality)로 작용하여 사회적 비용을 낮출 수 있다. 예를 들어 부모가 없는 고아를 정상적으로 양육하고 교육하면 사회의 안전과 통합에 기여하기 때문에, 이들을 방치하는 것보다 사회적 비용과 편익 면에서 이득이 크다. 물론 사회적 약자나 소수자를 보호하는 것은 사회안전이라는 목적을 떠나 인도주의 정신에서 필요하기도 하다. 체제 유지를 위해 통제하고 수탈하는 데 초점을 두는 것은 원시 약탈국가의 특성이다. 사회적 약자의 생활안전에 적극적으로 개입하는 것은 현대 국가의 존재 이유이기도 하다.

사회적 약자나 소수자를 보호하는 것은 사회 통합과 안전이라는 정책의 차원을 넘어 개개인의 실존에도 매우 중요하다. 인간이란 존재는 타자를 배제한 채로는 돈과 권력을 획득하고 게다가 안정적인 직장과 가정의 화목을 유지한다고 하더라도 행복할 수 없다. 타자에 대한 윤리는 정신을 가진 인간의 자아실현에 반드시 필요하다. 그런데 이러한 타자윤리를 위한 책임은 사회적 약자에게 우선적으로 행해진다. 따라서 사회적 약자를 지원하고 그들에 대해 일정한 책임을 지는 것은 나의 실존의 근본이라고 할 수 있다. 이것은 동서양 전 시기의 종교와 철학을 통틀어 공통적으로 지적되는 사항이다. 사회적 약자나 소수자를 배제한 삶은 정형화된 패턴에 갇힌다는 점에서 삶에 위기를 가져온다. 고통받는 자를 외면하면 우리의 삶은 편견과 타성에 젖어 동물적인 삶으로 타락한다. 이런 점에서 사회적 약자, 특히 소수자는 프랑스 철학자 질들뢰즈(Gilles Deleuz)의 지적처럼, 지배적인 사회 코드에서 탈주하여 새로운 형식의 사회를 창안하는 계기가 된다. 사회적 약자나 소수자에게 진정성을 가지고 다가서고 그들과 더불어 살아가는 공동체 사회를 만드는 것은 우리가 지향하는 유토피아의 근원적 토대라고 할 수 있다.

그럼에도 우리는 사회적 약자에게 너무 무관심하다. 정책적으로도 사회적 약자를 보호하는 제도가 빈약하다. 특히 한국은 복지가 빈곤한 국가이기 때문에 사회적 약자의 삶이 고단하다. 그렇다고 북유럽처럼 복지국가로 나아가는 것은 현실적으로 어렵다. 복지국가가 된다고 하더라도 공공 제도로 사회적 약자나 소수자의 생활안전을 책임질 수는 없다. 국가 지원은 기껏해야 물질적 차원에 머무르기 때문이다. 인간의 정신적이고 감정적인 측면은 국가에 의한 복지제도로 커버될 수 있는 것이 아니다. 한국에서는 그러한 복지제도조차 마련되어 있지 않기 때문에 속수무책이라고 해도 과언이 아니다. 예를 들어 아직 복지국가 수준에 가 있지도 않은 미국에서도 12세 이하의 어린이는 안전 문제로 집에 홀로 방치할 수 없다. 따라서 편모가정에 대해서는 보모(baby sitter)에 대한 일정한 지원이 이루어진다. 그러나 한국에서는 편모가정에서 어머니가 직장에 나가 늦게 퇴근하고 아이는 동네 놀이터에서 밤늦게까지 어머니를 기다리는 것을 아무렇지도 않게 여긴다. 장애인 소녀에 대한 성폭행을 다룬 영화 〈도가니〉에서 볼 수 있는 것처럼, 한국 사회는 인식적 측면이든 제도적 측면이든 사회적 약자에 대한 방어장치가 허술하기 짝이 없다.

새로운 정부가 들어설 때마다 서민의 고단한 삶을 해소하는 정치를 펴겠다고 외친다. 그러나 그러한 약속은 언제나 말잔치로 끝나고 만다. 한국은 서민의 고통을 덜어줄 복지제도가 갖춰진 나라가 아니다. 현재 한국 경제 수준에서 본다면, 한국은 복지에 대한 예산을 더욱 증대하고 복지제도를 다각도로 확충해야 한다. 그러한 복지제도를 만들기 위해서는 사회적 합의를 거쳐야 하는데, 여기에는 상당한 시간이 걸린다. 영미형의 복지 수준까지 간다고 하더라도 공공복지로 해결할 수 없는 무수한 문제가 있다. 더구나 사회적 약자나 소수자의 고통은 복지제도에서 말하는 물질적 조건에만 한정되지 않는다. 오히려 사회적 약자나 소수자에 대한 사람들의 잘못된 시각이나 편견이 더 큰 문제다. 이런 점에서 국가가 사회적 약자와 소수자를 보듬어 사회 통합을 이루기 위해서는 공공복지제도를 확충하는 것과는 별개로 시민사회의 역량을 충분히 활용하는 전략을 가져야 한다. 공동체 정신을 지향하는 시민사회의 자원을 확대하고 문화를 활성화하는 것이다.

현대 민주주의는 다원주의를 지지한다. 따라서 사회적 약자나 소수자는 자신의 가치를 표출하고 정책 과정에 참여하여 영향력을 행사할 수 있다. 그러나 다원주의가 보장된다고 하더라도 여전히 세력이 강한 집단의 영향력은 강할 수밖에 없다. 이때 사회적 약자의 이익을 대변하는 집단이 바로 시민사회의 각종 결사체이다. 특히 NGO는 사회적 약자의 이익을 대변하는 집단으로서의 정체성이 강하다. 예를 들어 국가가 재개발을 위해 판자촌의 세입자를 대책 없이 쫓아내려고 할 때, NGO는 그들의 편에 서서 저항한다. 상비약을 슈퍼마켓에서 판매하게 하는 정책을 약사회라고 하는 거대 세력이 반대할 때, NGO는 다수이지만 흩어진 약자인 일반 시민의 편에 서서 찬성한다. NGO는 사회적 약자를 위해 권리를 주장하고, 로비를 하고, 정책에 관여한다. 그리고 국가가 제공하지 못하는 사회적 약자를 위한 각종 복지 서비스를 생산한다. 근대 이후만 하더라도 노예해방운동, 여성해방운동, 아동권리운동, 인종차별반대운동 등 사회적 약자나 소수자를 위한 권리운동은 모두 NGO가 주도하여 쟁취했다. 지금도 NGO는 노인, 여성, 아동, 장애인, 재소자, 이주노동자, 알코올 의존자와 같은 사회적 약자, 동성애자, 무성애자, 희귀병 환자, 에이즈 환자, 병역 거부자, 채식주의자와 같은 소수자의 권익을 위해 노력하고 있다. 이러한 시민사회를 활용하지 않고, 국가제도로 사회적 약자가 보호받는 공동체 사회를 만들겠다는 것은 무지가 아니면 기만일 것이다.

3. 자원활동의 활성화

요즈음 중등학교는 학교폭력에 기인한 자살 때문에 비상이 걸렸다. 학생들 집단 감시, 교사 지도, 전문가 컨설팅, 정신과 의사 치료, 경찰에 의한 강제, 법원의 중형 선고 등 온갖 방법을 동원하지만, 폭력이나 자살은 좀처럼 수그러들지 않는다. 오히려 학교폭력이 갈수록 늘고 있는 상황이다. 학부모는 학부모대로 걱정이고, 학교는 학교대로 고통스러우며, 정부는 정부대로 초조하다. 학교폭력과 자살 문제는 절대적으로 폭력을 가하는 집단에 잘못이 있다. 미국의 한 학교는 학교폭력을 방지하기 위해 새로운 방법을 동원했다. 바로 자원(봉사)활동을 통한 학생의 각성이다. 학생들에게 역할극과 같은 참신한 교육을 하고, 지속적으로 타자의 행복을 위해 노력하는 자원(봉사)활동을 하게 했더니 폭력이 사라졌다는 것이다. 학교폭력을 추방하는 가장 빠르고 유효한 방법은 역시 교육이다. 그중에서도 학생 각자가 주체가 되어 몸소 체험하는 교육이 중요하다. 실제로 자원(봉사)활동과 폭력 축소가 상관관계가 있다는 연구 결과는 많다. 나아가 자원(봉사)활동은 공동체 정신의 함양, 조직에 대한 충성, 인간관계의 개선에도 효과가 있는 것으로 나타났다. 심지어 우울증을 치료하고 암을 극복하는 데도 자원봉사활동이 긍정적으로 작용한다고 한다.

자원(봉사)활동은 강제성을 띠지 않고, 보상을 바라지 않으며, 타인 특히 사회적 약자를 위해 조직적으로 시간과 노력을 제공하는 활동을 말한다. 자원활동에는 자발성·무보수성·이타성·공공성·사회성·복지성·지속성·민주성 등 다양한 이념이 포함된다. 따라서 자원활동은 공동체 사회를 구축하는 데 매우 중요한 제도이자 관습이다. 실제로 동기부여가 강한 봉사활동을 실행할 때 진정한 공동체 정신을 체험할 수 있다. 자원활동이야말로 인간 존중 정신과 사회적 연대감에서 타인의 고통을 덜어주고 사회적 공공선(public good)을 증진하는 창조적인 활동이기 때문이다. 자원활동은 초창기에 주로 지역사회의 복지시설이나 의료기관에서 노력 봉사를 하는 것이 주를 이루었다. 그러나 오늘날 자원활동은 국경을 넘어 국제적으로 나아가고, 시민단체나 인터넷에서도 이루어지며, 교육·상담·자문·기획·정보 제공 등 정신적인 활동도 활발하다. 그리고 헌혈, 장기기증, 위탁부모활동과 같이 차원 높은 봉사활동도 있다. 각종 사회 문제에 대한 대응뿐만 아니라 사전 예방 차원의 활동도 활발하다.

현대사회에서 자원활동이 지닌 유용성은 너무나 넓고 크다. 우선 개인적인 차원에서 본다면 자원활동은 타인과의 교류, 사회적 경험, 다양한 지식과 기술 습득 등의 이점이 있다. 이러한 직접적인 이익 외에도 자원활동은 사회적 존재로서의 정체성을 확립하고, 개인의 잠재력을 계발하며, 자아를 실현하는 소중한 자산이 된다. 인간은 자원활동을 통해 인간 간의 연대를 경험하고 자신의 능력을 알게 되며, 인격적 성숙을 도모하고 삶의 보람을 느낄 수 있다. 우울증을 호소하는 사람에게 정신과 의사가 자원봉사를 하도록 처방하고, 각종 부패와 폭력을 저지른 범죄자에게 판사가 사회봉사를 하도록 명령하는 이유도 여기에 있다. 자원활동은 특히 청소년과 노인의 삶에 중요한 의미를 지닌다. 청소년은 자원활동을 통해 기술을 습득하고 이질적인 문화를 체험할 수 있을 뿐만 아니라, 시민성을 읽고 정신적 성숙을 이룰 수 있다. 자원활동은 청소년의 마약 중독, 알코올 의존, 범죄 유혹을 치료하거나 예방하는 데도 중요한 역할을 한다. 노인의 경우는 축적된 지식과 경험을 사회에 제공함으로써 자신감 회복, 소외 극복, 치매 방지, 노년기의 자아실현 등에 도움이 된다. 따라서 자원활동은 수혜자로서의 노인뿐만 아니라 제공자로서의 노인에게도 노년기를 보람 있게 살 수 있는 생활습관이라고 할 수 있다.

사회적인 차원에서 자원활동은 도움이 필요한 사람에게 인간적인 서비스를 제공하고 유휴 인력을 통해 사회적 약자를 지원함으로써 사회 통합에 기여한다. 또한 자원활동은 여가를 선용함으로써 건전한 문화를 형성하고, 지역사회를 활성화하고 공동체 사회를 구축하는 데 기여한다. 자원활동이 민주시민을 양성하는 데 이바지하고 있음은 말할 것도 없다. 또한 자원활동은 특정한 요구에 대응하여 유연하고 인간적인 서비스를 제공함으로써 공공복지의 한계를 보완하는 기능을 한다. 더구나 소득이 증대하고 노동시간이 줄어드는 속에서 과도하게 물질에 심취함으로써 각종 퇴폐문화가 번지고 마약이나 알코올에 대한 집착이 늘어나는 상황에서, 자원활동은 건강한 문화와 공동체를 건설할 수 있게 한다. 그런가 하면 신자유주의가 주류 패러다임으로 등장하면서 시민성의 왜곡, 공동체 문화의 붕괴, 복지의 무시, 민주주의의 침식 등과 같은 문제를 야기하고 있는데, 자원활동은 이러한 문제를 극복하고 해소하는 데도 기여한다. 자원활동이 문명의 위대한 약속이라고 말한 한 철학자의 말은 결코 허언이 아니다.

자원활동은 지역사회나 국가의 경계를 넘어 국제적으로 시행되기도 한다. 오늘날 인류가 직면하고 있는 빈곤·질병·전쟁·자연재해·환경파괴 등에서 야기되는 고통은 국민국가나 유엔이 결코 해결할 수 없다. 실제로 국경·민족·인종·종교의 경계를 가로질러 전 지구적으로 행해지고 있는 다양한 층위의 자원활동이 이러한 문제에 대응하고 있다. 인류의 복리와 평화의 상당 부분이 지구시민사회(global civil society)에서 행해지는 각종 봉사활동과 국제 협력으로 이루어지고 있음을 부인하기는 어려울 것이다.

미국과 같은 자원활동 선진국에서는 자원활동 참가율이 매우 높다. 그런데도 정부가 자원활동을 위한 제도적 장치를 만들고, 기업은 유급 자원활동을 적극적으로 시행하기도 한다. 그리고 청소년의 자원활동을 독려하고, 노인의 자원활동을 위해 별도의 장치를 마련해두고 있다. 그런가 하면 대통령이 취임식이나 국정연설에서 자원활동의 활성화에 대해 언급하고, 전직 대통령과 함께 작업복을 입고 온종일 봉사활동을 한다. 그렇게 함으로써 자라나는 청소년들에게 봉사활동의 모범을 보여주고, 시민들이 자원활동에 참여하도록 유도한다. 그러나 한국에서는 자원활동에 대한 제도적 장치가 미비하고, 특히 지도자들이 이에 대한

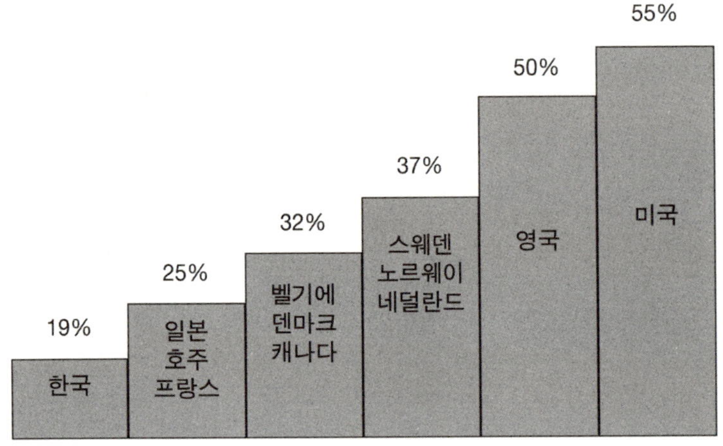

〈그림 7-1〉 2010년 주요 국가의 자원봉사 참가율

개념이 없다. 한국의 지도자들은 자원활동이 공동체 사회를 구축하고, 공공복지의 한계를 보완하며, 사회 통합을 이루는 데 기여한다는 사실을 모른다. 국제적인 차원에서 본다면, 자원활동은 한국의 국가 품격을 높이고 코리아 브랜드(Korea brand)의 가치를 높이는 데도 기여한다. 그러나 〈그림 7-1〉에서 보는 바와 같이, 다른 주요 국가에 비해 한국의 자원봉사 참가율은 매우 낮다.

자원활동은 대부분 시민사회에서 일어난다. 한국에서는 정확하게 조사되지 않았지만, 2000년에 미국에서 조사한 바에 의하면 자원활동의 70%는 시민사회에서 이루어진다(나머지 30%는 정부 영역에서 일어나는 자원활동으로, 대부분 시민사회의 각종 결사체에 의해 조직적으로 실행된다). 시민사회 혹은 비영리섹터를 달리 자원섹터(voluntary sector)라고 하고, NGO를 자원조직(voluntary organization)이라고도 부른다. 그만큼 자원활동은 시민사회와 NGO의 정체성에서 중요한 요소이다. 사실 시민사회 혹은 NGO에 자원활동이 없으면 효과적으로 서비스를 생산하거나 시민운동을 전개하기 어렵다. 특히 NGO는 자원활동이 없으면 그야말로 명목상의 조직으로 전락한다. 자원활동은 시민사회의 각종 결사체에 재정적인 지원이 되고, 기부금을 모금하는 데도 긍정적인 영향을 미치며, 시민 참여를 촉진하는 데도 중요한 역할을 한다.

시민사회의 자원활동은 공동체에 대한 시민의 적극적인 책임의식을 의미한다. 따라서 자원활동이 활발하다는 것은 그만큼 한 국가의 민주주의가 질적으로 발전했으며 그 속의 구성원의 삶의 질이 높다는 것을 증명한다. 사람들이 자발적으로 집단을 구성하여 이타성과 공공성의 원칙에 따라 환경을 감시하고, 교통정리를 하며, 청소년을 상담하고, 독거노인을 찾아가며, 호스피스(hospice) 활동을 하고, 강을 청소하며, 문화재를 보호하고, 행사를 안내하며, 이주민을 교육하고, 국제 원조활동에 나간다면, 그 사회의 문명은 분명 진보되었을 것이다. 물론 시민사회의 자원활동은 육체의 차원을 넘어 정신으로, 인간의 차원을 넘어 자연으로, 민족국가의 범주를 넘어 세계로 확산된다. 그래서 인간을 영성을 지닌 정신적 존재로 간주하고, 자연을 소중한 생명으로 받아들이며, 국가를 초월하여 원조를 행하는 초월성을 지닌다. 테레사 수녀(Mother Theresa)가 인도에서 가난한 자의 영혼을 보듬는 데 일생을 바치고, 지율 스님이 천성산의 도롱뇽을 살리기 위해 100일간 단식을 하며, 알베르트 슈바이처(Albert Schweitzer) 박사가 말년에 아프리카의 나병 환자를 치유하기 위해 적도로 간 것은 모두 자원활동을 통해 초월적이고 적극적 책임을 이행하기 위한 존엄한 행동이다.

자원활동이 이처럼 중요한 이념을 담고 있고 전 영역과 차원에 걸쳐 중요한 역할을 하고 있다면, 국가는 자원활동을 지원하고 활성화해야 한다. 그리고 자원활동에 내포된 거대한 민간 에너지를 국정의 운영과 국민의 복리 증진에 적극적으로 활용해야 한다. 시민사회의 각종 활동에 자원활동이라는 거대한 에너지가 흐르고 있음을 모르고 지도자가 그것을 활성화하여 이용할 줄 모른다면, 그것은 황토색 흙 속에 인체에 좋은 채소를 키울 수 있는 온갖 영양분이 있다는 것을 모르고 거기에 씨앗을 뿌리지 않는 것과 같이 어리석은 일이다.

국가 품격의 증대

1. 다원성의 수용

2010년 11월 G20 정상회의가 서울에서 열렸다. 선진국만 가입되어 있는 G7 정상회의를 바라보기만 하다 세계 주요 20개국에 포함되어 그 회의를 직접 주재하게 되었으니, 가슴이 뿌듯하고 흥분도 되었다. G20 정상회의의 개최는 국제사회에 한국을 홍보하고 한국의 위상을 높일 수 있는 좋은 기회이기도 했다. 그러나 여기서 문제가 발생했다. 정부는 G20 정상회의의 개최를 마치 정권의 중요 치적이라도 되는 양 홍보비를 들여 대대적으로 선전했다. 여기까지는 괜찮았다. 정치란 원래 그런 것이니까. 문제는 G20 정상회의를 개최함으로써 한국의 국가 품격이 올라간다고 선전한 것이다. 이것이 왜 문제가 되는지는 사례를 들어 적용해보면 잘 알 수 있다. 2012년 6월 G20 정상회의가 멕시코에서 열렸다. 요즈음 멕시코에서는 마약에 대한 군사적 대응이 수만 명의 집단살인으로 이어져 커다란 사회 문제가 되고 있다. 그런 멕시코에서 G20

정상회의가 열렸다고 해서 우리가 멕시코의 국가 품격이 올라갔다고
생각하는가?

품격이라는 말은 주로 사람에게 사용하는 말이다. 사람으로서 지니
고 있는 성품이나 품위를 말한다. 이것을 국가에 적용할 때는 한 국가
의 도덕적·문화적 능력과 관련된다. 포괄적 의미의 민주주의 수준 또는
국가 신뢰도와 비슷하다고 해도 좋다. 그러므로 국가의 품격은 일시적
인 행사로 증대할 수 있는 것도 결코 아니고, 군사적 힘으로 이룰 수 있
는 것도 아니다. 미국·중국·러시아 등은 군사 강대국이기는 하지만, 그
렇다고 국가의 품격이 높다고는 말하기 어렵다. 그러나 스웨덴·노르웨
이·덴마크·핀란드 등은 국가의 크기는 작지만 국가의 품격은 높은 나
라이다. 정부에 대한 신뢰도 국가의 품격과는 다르다. 정부에 대한 신
뢰가 민주주의나 투명성과 일정한 관련이 있지만, 반드시 국가 품격과
연결되지는 않는다. 사실 세계에서 정부에 대한 신뢰도가 가장 높은 나
라는 중국이다. 국가의 품격에는 여러 가지 요소가 작용하지만, 대표적
으로 〈그림 8-1〉과 같은 것을 들 수 있다. 개인의 자유, 인권 보호, 평
등한 기회, 공정한 법 집행, 투명성 등 민주주의의 기본적인 요소는 말
할 것도 없고, 사회적 약자의 배려, 외부인에 대한 관용, 환경의 중시,
문화·예술의 부흥, 국제 협력 참여 등도 중요한 요소이다.

이렇게 본다면 국가의 품격을 높이기 위해서는 다원성을 수용하는
것이 매우 중요하다. 다원성이란 개인이나 집단의 가치 또는 목표의 차
이를 말한다. 인간은 서로 다른 조건에서 태어나서 다른 문화에서 성장
한다. 따라서 추구하는 관심, 선호하는 가치, 지향하는 목표가 다르다.
이러한 차이의 인정은 보편적 가치에 속한다. 인간이 지향하는 이상적

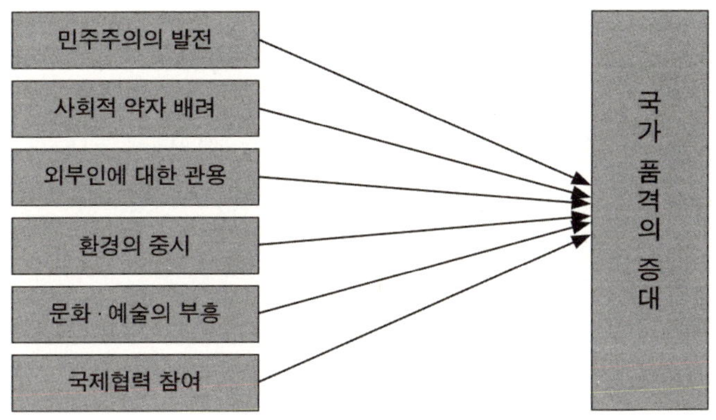

〈그림 8-1〉 국가 품격의 결정 요소

인 인생이나 바람직한 제도는 다원성을 수용하지 않고서는 불가능하다. 민주주의·시장경제·자유주의·개인주의·시민사회·이타주의·생태주의·세계주의 등 그 어떤 가치나 제도도 다원주의를 인정하지 않고서는 존립할 수 없다. 나 밖의 타자, 내가 속한 집단과는 다른 가치와 목표를 추구하는 집단, 민족국가의 경계를 넘는 다른 국가의 정치와 문화, 인간 바깥에 있는 자연, 지구 밖 저 멀리 있는 우주 등을 인정하지 않고 자기 자신, 자기 집단, 민족국가, 인간과 지구만을 가정하는 삶은 질적 풍요를 누릴 수 없을 뿐만 아니라 무수한 충돌과 폭력을 유발한다. 따라서 다원성을 수용하는 것은 가치 있는 삶을 영위하고 평화로운 사회를 구축하기 위한 근본이 된다. 국가의 품격도 다원성을 인정하는 바탕 위에 성립할 수 있다.

인간은 본질적으로 일상의 편리와 안정에 습관화되는 동물이다. 그래서 자신 외부의 이질적인 것에 대해 두려움을 가지고 있다. 더구나 우리가 살아가고 있는 근대 문명은 과학 기술의 발달과 경제 성장을 통해 인간 해방을 성취한다는 거대 서사(grand narrative)를 설정하고 있다. 정치에서도 공식적인 조직과 위계적인 관료제를 통해 대중을 조직화하고 공동 목표로 통합하는 동일성의 정치(identity politics)를 지향했다. 다른 인종·민족·성(性)에 대한 차별이 특히 근대에서 확대 재생산된 것도 결코 우연이 아니다. 심지어 개인의 다양한 사상과 가치를 부정하고 모든 것이 국가 발전에 복속되게 하는 전체주의가 횡행하기도 했다. 그러나 이질적인 것과의 뒤섞임과 상호 학습은 실존의 근원과 연결된 것으로서 바람직한 삶을 위해서는 피할 수 없는 것이다. 기존의 고착된 사고나 획일화된 제도를 넘어 개방된 새로운 사고로 외부인에게 관용을 베푸는 것은 삶을 풍요롭게 하는 데 매우 중요하다. 타자와 공존하면서 가치를 공유하고 우정을 나눌 때 아름다운 스토리(story)를 가진 삶을 실현할 수 있는 것이다.

한국은 세계에서 흔하지 않은 다종교 국가이다. 우리가 생각하는 것 이상으로 세계의 많은 국가는 어느 한 종교를 국교(國敎)로 삼거나 단일 종교만을 수용한다. 그리고 많은 국가에서 하나의 종교가 주류를 이루고 있다. 그러나 한국은 전통 신앙이나 민족 종교를 비롯하여 세계 온갖 종교가 들어와 뒤섞여 있다. 사상에서도 전통 사상과 동양의 주류 사상이 맥을 이어오고 있지만, 서양의 합리주의·자유주의·개인주의 등도 뿌리를 내리고 있다. 문명적으로도 전통·근대·후근대가 역사적 시간으로 동시에 공존하는 복합 국가의 성격을 띤다. 그런가 하면 한국에 거주하는 외국인이 2012년 현재 130만 명을 넘었고, 외국인과의 결혼도 점점 늘어나고 있다. 이미 시골에서는 다문화가족이 절반을 차지하고, 초등학교에는 혼혈인 학생도 많다.

그럼에도 한국에서는 일방적인 일신교적 교리가 사회에 난무하고 있다. 자신의 지역이나 집단에 대한 소속감과 외부에 대한 배타성도 강하다. 요즈음은 좀 나아졌지만 이 좁은 나라에 지역주의가 망국병이라고 할 정도였고, 지금도 국회의 여당과 야당은 서로 자기주장이 옳다고 마치 전쟁을 하듯 극한적인 대립을 벌인다. 외국인에 대한 거부감이나 피부색에 대한 혐오감도 높은 편이다. 한국인 아버지에 어머니가 동남아시아 출신인 아이는 피부색만 조금 다를 뿐 아무런 차이가 없는 데도 놀림을 당한다. 사실 이런 아이와 한국인의 피부색 차이는 같은 한국인 간의 피부색 차이 정도밖에 되지 않는다. 인류 문명을 되짚어보아도 인간은 항상 교류하고 혼혈을 했다. 동양과 서양의 중간인 터키나 인도 같은 경우는 인종 자체가 혼혈이고, 남아메리카의 많은 국가도 혼혈인이 주류를 이루고 있다. 그런데도 유독 한국에서만 피의 순수성과 혈통에 대한 집착이 강하다. 그래서 버리는 아이는 많아도 입양하여 키우는 경우는 드물다.

한국이 품격 있는 국가가 되기 위해서는 개인이나 집단 간의 차이를 수용하는 다원성을 지녀야 한다. 그런데 다원성은 결코 국가 원리에서 수용되고 배양될 수 있는 것이 아니다. 오히려 국가는 앞서 지적한 바와 같이, 거래 비용을 낮추기 위해 동일화와 획일화를 지향한다. 시장의 다원성 또한 삶의 상품화에서 보듯이 질적 다원성을 보장하기 어렵다. 따라서 품격을 갖춘 일류 국가가 되기 위해서는 다원적 가치를 추구하는 시민사회를 활용하지 않을 수 없다. 사실 다원성은 시민사회의 핵심적인 가치에 해당한다. 다원성을 무시하면 시민사회는 철학적 토대가 무너지고 만다. 시민사회 구성원은 상대의 가치를 인정하고 상호 협력과 연대를 중시한다. 개인이나 집단 간의 차별에 반대하고 평등을 지향한다. 나아가 창의적인 사유를 실험하고 다양한 생활방식을 경험하는 것을 촉진한다. 물론 이러한 활동은 육체적 차원을 초월하여 정신적 차원으로, 국가의 경계를 넘어 세계로, 인간을 극복하여 자연으로 확장된다. 이러한 시민사회를 우회하여 국가의 운영 원리로 다원성을 강화하겠다는 발상은 잘못된 것이다. 그러므로 시민사회를 무시하고 억압하면서 국가의 품격을 논하는 것은 어불성설(語不成說)이다.

2. 문화국가의 건설

요즈음 중국이 부상하고 있다. 통계가 잘 잡히지 않은 것도 있지만, 10여 년 전인 20세기 말만 하더라도 중국은 국내 총생산에서 한국보다 뒤진 것으로 신문에 보도되고는 했다. 그런 중국이 지금은 상황이 완전히 달라졌다. 2012년에만도 유인 우주선을 쏘아 올려 그 어렵다는 도킹(docking)을 해냈고, 자체 개발한 심해 잠수정이 세계 최초로 해저 7,000m까지 내려가는 데 성공했다. 물론 이에 앞서 항공모함을 만들고 최첨단 스텔스 전투기를 개발했다고 보도되었다. 그야말로 세계 강대국으로 나아가고 있다. 또한 국제사회에서의 발언권도 강해졌다. 중국은 이러한 힘을 바탕으로 영토를 확장하려는 야욕을 숨기지 않는다. 이미 1950년대에 티베트를 강제로 합병했고, 타이완에 대해서도 흡수가 기본 정책이다. 남태평양의 댜오위다오/센카쿠열도와 난사군도를 중국의 영토라고 하여 주변국과 갈등을 빚고 있다. 한국에 대해서도 동북공정을 추진하더니, 최근에는 만리장성을 기존의 산하이관에서 2,500km 연장하여 압록강 근처 단둥 호산산성까지라고 주장하고, 제주도 남단의 이어도까지 중국의 영토라고 주장하고 있다.

중국의 이러한 힘과 발언권은 훌쩍 커버린 경제력에서 비롯된다. 중국은 1992년부터 2011년까지 20년 동안 연평균 10.5%의 경제 성장률을 기록했다. 제2차 세계대전 이후의 일본과 1960년대 이후의 한국도 장기간 고도성장을 했지만, 이 정도는 아니었다. 게다가 2011년 현재 세계 최고 수준인 3조 달러의 외환을 보유하고 있다. 과거 미국은 정치적·군사적 이유도 있었지만, 일본 경제를 쉽게 제어할 수 있었다. 그러나 중국은 다르다. 중국은 정치적·군사적으로 미국에 종속되어 있지 않을 뿐만 아니라, 경제적으로도 쉽지 않은 상대다. 사실 중국은 2011년 현재 1조 2,000억 달러에 해당하는 미국 국채를 보유하고 있다. 그러니 미국이 중국을 마음대로 할 수 없는 것이다. 이보다 더한 것은 미국의 한 시민이 읍소한 내용이다. 싸구려로 인식되는 중국 상품을 몇 달 동안 사지 않고 사는 체험을 해보고는 두 손을 들었다고 한다. 중국 상품이 아니면 가격이 비싸 생활비가 20~30% 더 올라가기도 하지만, 중국제가 아니면 생활용품 자체를 아예 살 수 없어서 너무 불편하다는 것이었다(2012년 런던올림픽 개막식 때 입은 미국 선수단의 단복도 중국제라고 하여 논란이 일었다). 과거 세계가 미국 경제에 의존한 것처럼, 앞으로 세계 경제는 중국 경제가 혹시 감기에 걸려 기침이나 하지 않는지 유심히 귀를 기울이지 않을 수 없게 되었다.

요즈음 중국 사람을 만나면 자국에 대한 자긍심이 대단하다는 것을 느낀다. 최근 경제력과 군사력이 성장하면서 중국 사람들이 중화사상

〈표 8-1〉 2011년 세계 군사력 순위

순위	국가	비고
1위	미국	OECD 회원국
2위	러시아	
3위	중국	
4위	인도	
5위	영국	OECD 회원국
6위	터키	OECD 회원국
7위	한국	OECD 회원국
8위	프랑스	OECD 회원국
9위	일본	OECD 회원국
10위	이스라엘	OECD 회원국
11위	브라질	
12위	이란	
13위	독일	OECD 회원국
14위	타이완	
15위	파키스탄	

(中華思想)으로 회귀하는 것 같다. 국가 품격과 군사력·경제력은 어떤 관계가 있을까? 과연 중국은 품격 있는 국가가 될 수 있는가? 군사학자들은 군사력의 유지가 국가 품격과 일정한 관계가 있다고 말한다. 자신을 스스로 지킬 수 있어야 국가 품격도 유지할 수 있다는 것이다. 개인으로 치면 자신도 방어할 수 없는 약골이 품위를 가질 수 있겠냐는 것이다. 기본적으로 국제관계가 현실주의(realism)에 따라 움직인다는 점에서 군사력은 어느 정도 필요하다. 그러나 핵무기를 보유하며, 무기가 많고, 군인의 수가 많다고 해서 국가 품격이 높다고 할 수는 없다. 그것은 마치 덩치가 크고 힘센 조직폭력배를 품위 있는 사람으로 간주하는 것과 같다. 실제로 〈표 8-1〉에서 보는 바와 같이, 세계 군사력 15위 안의 나라는 대체로 품격 있는 국가와는 관계가 없어 보인다. 더구나 국

〈표 8-2〉 2011년 세계 국내 총생산 순위

순위	국가	GDP(십억 달러)
1위	미국	15,065
2위	중국	6,988
3위	일본	5,855
4위	독일	3,628
5위	프랑스	2,808
6위	브라질	2,517
7위	영국	2,480
8위	이탈리아	2,245
9위	러시아	1,884
10위	인도	1,884
11위	캐나다	1,758
12위	스페인	1,536
13위	호주	1,507
14위	멕시코	1,185
15위	한국	1,163

가 품격에 군사력이 중요하다고 하면 북한(22위)은 품격이 상당한 나라가 되어버린다.

그다음으로 경제력(국내 총생산)이 국가의 품격에 중요할까?『강대국의 흥망(The Rise and Fall of the Great Powers)』(1989)을 쓴 폴 케네디(Paul Kennedy)의 지적처럼, 군사력은 경제력에서 나온다. 따라서 군사력에 대한 논리와 똑같이, 어느 정도 경제력이 있어야 국가 품격을 지닐 수 있다고 주장할 수 있다. 그러나 〈표 8-2〉에서 보는 바와 같이, 경제력도 국가 품격과 커다란 관계가 없다. 이른바 브릭스(BRICs) 4개국인 브라질·러시아·인도·중국은 최근 경제 규모가 커져 세계 10대 경제대국이 되었다. 그러나 이러한 나라들을 품격 있는 나라라고 하기는 어렵다. 물론 개인소득은 〈표 8-3〉에서 보는 바와 같이 국가 품격에 일정

〈표 8-3〉 2011년 세계 개인소득 순위

순위	국가	개인소득(달러)
1위	룩셈부르크	122,272
2위	카타르	97,987
3위	노르웨이	96,951
4위	스위스	84,983
5위	호주	66,984
6위	아랍에미리트	66,625
7위	덴마크	63,003
8위	스웨덴	61,098
9위	네덜란드	51,410
10위	캐나다	51,147
11위	싱가포르	50,714
12위	오스트리아	50,504
13위	핀란드	50,090
14위	아일랜드	48,517
15위	미국	48,147

한 영향을 미치는 것으로 보인다. 더구나 민주주의가 일정한 경제 수준 (개인소득)에 도달해야 발전할 수 있다고 보기 때문에, 어느 정도 개인 소득이 보장되어야 국가 품격을 유지할 수 있다고 할 수도 있다(한국 31 위 2만 3,749달러, 중국 90위 5,184달러). 이것은 개인 차원에서도 마찬가 지다. 어느 정도 경제력이 있어야 개인의 품위를 유지할 수 있는 것이 다. 그렇더라도 개인이든 국가든 경제 수준이 높은 개인과 국가가 품위 가 있고 품격이 높다고 한다면, 얼마나 많은 사람이 여기에 동의할까? 이것은 마치 돈 많은 사람이 도덕적이고 윤리적이라고 하는 것과 비슷 하다. 그것에 동의하는 사람은 소수일 것이다.

그러나 국가 품위가 그 나라의 문화 수준과 연관 있다고 한다면, 많 은 사람이 고개를 끄덕일 것이다. 시민들이 풍부한 문화적 소양을 갖추고, 창의적인 문화유산이 많으며, 각종 문화 행사가 활발하게 개최되는 국가라면 품격을 갖췄다고 할 수 있다. 특히 음악·미술·무용·연극·건축 등 다양한 예술 영역의 수준이 높다면, 이것은 분명 국가 품격이 높다고 할 수 있다. 사실 예술을 천재의 기술로 보는 이마누엘 칸트(Immanuel Kant)를 비롯한 많은 철학자는 예술을 통해 인간의 본성을 구현할 수 있다고 보았다. 자유와 창조의 정신이 깃들어 있는 예술은 그야말로 인간 본성에 잠재한 존엄한 주인 본성을 표현하고, 정신과 감각의 결합을 통해 사물의 본래성과 유일성을 창출할 수 있다. 또한 예술은 본질적으로 생명의 기본 특성인 질서와 심미성을 지향한다. 예술과 문화 수준은 군사력이나 경제력처럼 국가 간에 순위를 매길 수 없지만, 우리가 국가 품격이 높다고 하는 나라들은 대체로 문화 수준도 높을 것이다.

세계의 다른 나라들은 한국의 문화 수준을 어떻게 볼 것인가? 동양문화를 다룬 서구 사회의 저서나 방송 같은 것을 보면, 거의 중국과 일본 일색이다. 가끔 인도가 끼기도 하지만, 한국은 그야말로 가물에 콩 나듯이 찾아보기가 어렵다. 그보다도 우리는 우리 문화유산이 훌륭하다고 생각하는가? 더 직접적으로, 우리는 과연 일상에서 문화생활을 즐기고 있는가? 한 가지 확실한 것은 문화의 향유와 여가는 밀접한 관련이 있다는 것이다. 그런데 한국은 OECD 국가 중 노동시간이 가장 긴 나라이다. 이렇게 본다면 우리는 문화생활을 제대로 즐기고 있지 못하다. 그리고 한국 사람은 근대 문명의 물질적 가치에 매우 집착해 있다. 무엇보다도 돈을 많이 벌어 좋은 집에서 살고, 좋은 차를 몰며, 좋은 옷을 입고자 죽어라고 일한다. 그렇다면 우리의 문화 수준은 문제가 있다고 볼 수 있다. 단군이 나라를 세울 때 홍익인간(弘益人間)을 이념으로 삼았고, 일본 식민통치하에서 독립운동을 하면서 새로운 국가건설을 구상한 김구 선생은 아름다운 문화국가를 건설하고자 했다. 그런데 세계 역사상 처음으로 경제 성장과 민주주의라는 두 마리의 토끼를 반세기 만에 모두 잡았다고 하는 우리는 과연 김구의 소원을 실현한 것인가?

한국이 문화국가인가에 대해서는 논쟁의 여지가 많다. 스스로 비하할 필요도 없고, 망상에 젖어 과대평가할 필요도 없다. 확실한 것은 한국을 문화국가로 만들고 문화 수준을 높여야 한다는 것이다. 그리고 문화 수준을 높이기 위해서는 시민사회를 활용해야 한다는 것이다. 공산국가에서 문화와 예술에 이데올로기를 주입하여 실패한 것에서 알 수 있듯이, 국가 원리를 개입하여 문화를 부흥시킬 수는 없다. 경제 원리가 자유를 가져오고 혁신을 추동하기는 하지만, 이윤을 추구하는 경제도 진정한 문화부흥을 가져오기 어렵다. 오히려 시장경제는 상업문화, 대중문화, 문화적 다양성 파괴 등을 초래하는 측면이 있다. 사실 국가와 시장 원리에 충실하게 따르면 인간은 기계적으로 행동하면서 감각과 이성에 몰입하게 된다. 이에 비해 시민사회에는 피상적인 감각과 체계화된 이성을 넘어 감정의 풍요를 만끽할 수 있는 무수한 계기가 있다. 재능의 표출과 새로운 실험을 통해 다양한 문화를 창조하는 것은 주로 시민사회에서 이루어진다. 시민사회는 자율과 다원성을 중시하고 체험과 구체성을 강조하는데, 이것은 문화를 창조하는 데 꼭 필요한 창의성 계발과 의미 생산에 매우 중요하다. 다른 개체 및 집단과의 교류, 감정 공유, 감정 동화, 연대와 열광이 가능한 시민사회야말로 문화 광장 그 자체이다. 국가가 품격을 높이기 위해 문화와 예술을 부흥하려고 한다면, 국가는 시민사회를 적극적으로 활용해야 할 것이다.

3. 국제 협력의 강화

몇 년 전 필리핀에서 한국으로 시집온 지 얼마 되지 않은 새색시가 사망했다는 기사가 언론에 보도되었다. 가난에서 벗어나기 위해 아무 것도 모르고 꽃다운 스무 살 청춘에 한국으로 시집을 와보니, 남편은 나이가 스무 살이나 많은 40대였고, 게다가 정신적으로 장애가 있는 사람이었다. 가정폭력을 일삼던 남편은 아내를 심하게 폭행하여 결국 숨지게 하고 말았다. 이 내용은 필리핀 신문에 커다랗게 실렸다. 필리핀 사람들이 분노하는 것은 당연하다. 필리핀으로 관광을 간 한국 사람들이 가끔 폭행을 당하고, 행방불명되며, 심지어 의문사를 당했다는 보도가 나온다. 이러한 사건이 필리핀 새색시의 억울한 죽음에 대한 보도와 무관할까? 이러한 사건이 벌어지면 정부는 위기의식을 느끼고 문제를 해결하려고 대응을 할까? 대응을 한다면 어떻게 효과적으로 대응할까? 시민사회 NGO는 다문화가족에서 벌어지는 문화적 충돌이나 폭력을 극복하기 위해 다양한 시민운동을 전개한다. 한국 문화 적응, 한글 교육, 가정폭력 상담, 가정폭력 법적 대응, 나아가 국제결혼에서의 정보 공개 및 기만 행위 방지 등을 위해 다양한 활동을 벌인다.

2004년 말 인도네시아의 아체 주에서 쓰나미가 발생하여 수십만 명이 죽고, 수백만 명의 이재민이 발생했다. 개발도상국이 대형 재난을 당하자, 세계 선진국들은 너 나 할 것 없이 재정 지원을 하겠다고 약속했다. 미국은 1억 달러, 일본은 5,000만 달러를 지원하겠다고 공언했다. 그러자 당시 유엔 사무총장이었던 코피 아난(Kofi Annan)은 이번에는 제발 약속을 지키기를 바란다고 일침을 놓았다. 과거 선진국들이 재난을 당한 개발도상국을 지원하겠다고 해놓고 실제로는 돈을 주지 않았기 때문이었다. 그런데 한국해외원조단체협의회에 속한 NGO들이 물·라면·버너·담요 등을 들고 현지로 달려갔다. 이재민에게 지금 당장 필요한 필수품을 들고 신속하게 현장으로 가서 구호활동을 했다(미국의 국제 원조 NGO가 2만 개이고 일본이 2,000개라면, 한국은 200개 정도밖에 되지 않는다. 게다가 그 당시 한국해외원조단체협의회에 가입된 회원단체는 30여 개에 지나지 않았다). 이러한 내용이 인도네시아 신문에 크게 보도되었다. 이것이 인도네시아에서 한국을 좋은 나라로 평가하고 한국 상품이 잘 팔리는 것과 무관할까?

한 국가의 품격은 민족국가 내에서 민주주의 발전, 사회적 약자 보호, 문화와 예술 부흥 등으로 끝나지 않는다. 세계사회로 나아가 세계시민의 복리를 위해 일정한 공헌을 하는 것은 한 나라의 품격에 매우 중요하다. 오늘날 세계화 혹은 지구화가 확장되면서 세계는 단일한 지구촌을 형성했다. 따라서 민족국가 내의 단일 민족이나 국민적 정체성을 넘어 세계시민으로서의 정체성도 중요시한다. 이른바 세계시민정신(world citizenship)이다. 세계시민정신은 자국의 이익에 매몰되거나 배타적 민족주의를 고수하지 않고, 타국에서 일어나는 일에 관심을 가지고 세계시민으로서의 의무를 적극적으로 행하는 것이다. 따라서 품격 있는 국가라면 다양한 지구적 문제를 해결하는 데 적극적으로 참여하여 협력해야 한다. 특히 어려움을 겪고 있는 개발도상국을 지원하지 않고서는 품격 있는 국가라고 하기 어렵다.

국제 협력에는 다양한 것이 있다. 유엔이 세계의 평화와 복리를 위해 각종 활동을 한다면, 유엔 분담금을 내거나 평화유지활동(Peace Keeping

〈표 8-4〉 2011년 세계 ODA 순위

순위	국가	ODA/GNI(%)	금액(억 달러)	금액별 순위*
1위	스웨덴	1.02	56	7위
2위	노르웨이	1.00	49	9위
3위	룩셈부르크	0.99	4	22위
4위	덴마크	0.86	30	14위
5위	네덜란드	0.75	63	6위
6위	영국	0.56	137	3위
7위	벨기에	0.53	28	15위
8위	핀란드	0.52	14	16위
9위	아일랜드	0.52	9	19위
10위	프랑스	0.46	130	4위
11위	스위스	0.46	31	13위
12위	독일	0.40	145	2위
12위	호주	0.35	48	10위
13위	캐나다	0.31	53	8위
14위	포르투갈	0.29	7	20위
15위	스페인	0.29	56	11위

*금액별 순위에서 1위는 미국, 5위는 일본으로, 표에서 빠져 있다.

Operations: PKO)에 참여하는 것도 국제 협력이라고 할 수 있다. 인도주의 정신에서 고난을 겪고 있는 나라를 직접 지원할 수도 있다. 한 국가가 국제 협력에 어느 정도 기여하는가를 가늠하는 가장 대표적인 잣대가 바로 공적개발원조(Official Development Assistance: ODA)이다. 〈표 8-4〉에서 볼 수 있듯이, 한국은 ODA의 비율에서 순위에 끼지 못한다. OECD 산하 개발원조위원회(Development Assistance Committee: DAC) 23개 회원국(유럽연합도 회원국인데 그것까지 합치면 24개 회원국이다) 중 22위이다(요즈음 경제위기에 처해 있는 그리스와 꼴찌 탈출을 다투고 있다). 2011년 현재 한국은 국민 총소득(Gross National Income: GNI) 0.12%에 해당하는 13억 달러를 ODA로 제공했다(미국과 일본도 15위 안에 끼지 못한다. 미국은 GNI 0.20%인 307억 달러, 일본은 GNI 0.18%인 106억 달러를 ODA로 제공했다). 이것은 23개 회원국 평균인 0.31%에도 크게 미치지 못하고, 유엔의 권고 사항인 1.2%의 1/10 수준이다. 비록 한국이 2009년에 DAC에 가입하여 비교적 늦게 원조공여국이 된 것도 있지만, 국가 품격을 높이기 위해서는 지원금을 더욱 증대해야 한다.

개발도상국에 대한 원조가 국제 협력의 일환으로서 국가 품격과 관련이 있다면, 일단 정부 예산에서 지원금을 확대해야 한다. 그러나 단지 원조 지원금을 늘린다고 해서 그것이 바로 국가 품격으로 이어지지는 않는다. 한국에서는 ODA 중 유상원조는 주로 수출입은행이 담당하고, 무상원조는 한국국제협력단(Korea International Cooperation Agency: KOICA)이 집행한다. 코이카(KOICA)는 프로젝트 사업, 국내 초청 연수, 해외 봉사단 파견, 해외 재난 긴급구호, 평화 구축 지원, 국제기구와 협력 등과 같은 사업을 수행한다. 그러나 코이카의 직원은 제한이 있기 때문에(2010년 현재 코이카 직원은 222명이다), 시민사회와 파트너십이나 거버넌스를 통해 협력하지 않을 수 없다. 미국에서는 빌 클린턴(Bill Clinton) 대통령이 1997년 재선에 성공하여 취임하면서 ODA의 50%를 NGO를 통해 집행하겠다는 국정 방향을 밝힌 바 있다. 더욱 중요한 것은 코이카 조직이나 예산이 국제 협력을 하는 데 턱없이 부족하다는 것이다. 따라서 수백 개에 달하는 국제 협력 NGO들은 전 세계 개발도상국에서 다양한 형태의 협력사업을 전개하고 있다. 예를 들어 월드비전(World Vision)의 아프리카 어린이 대리부모 프로그램, 정토회의 캄보디아 우물파기, 지구촌나눔운동의 베트남 학생 직업 교육 등과 같은 NGO 국제 활동은 역사가 오래되고 널리 알려져 있다.

시민사회의 각종 NGO는 지구시민사회를 형성하여 지구촌에서 일어나는 환경파괴, 인권유린, 전쟁과 분쟁, 기아와 빈곤, 자연재해 등에 공동으로 대응하고 있다. NGO들은 국경을 초월하여 서로 협력할 뿐만 아니라, 유엔이나 세계은행과 거버넌스를 형성하여 문제를 함께 해결하기도 한다. 근대 이후 시민사회는 본래 일국적 개념으로 등장했다. 그러나 오늘날 그것은 강한 초국적 정체성을 띠고 국제적 교류와 연대를 활발하게 추진하고 있다. 특히 시민사회의 각종 결사체 중에서 NGO는 국제 연대를 매우 중시한다. 한 나라의 NGO가 아무리 성장하고 발달했다고 하더라도, 국제 협력에 동참하지 않으면 그 나라의 NGO가 건강하다고 할 수 없다. 한국은 2012년에 인구 5,000만 명, 개인소득 2만 달러가 넘는 세계 7번째의 나라가 되었다고 한다. 그렇다면 국제 협력에 참여하는 NGO가 최소한 수천 개는 되어야 한다. 한국이 국가의 품격을 높이기 위해서는 시민사회에서 국제 협력활동을 전개하는 NGO가 번성하도록 지원해야 한다.

NGO 활동이 국가 품격뿐만 아니라 한국 경제에도 중요한 영향을 미친다는 것은 앞서 인도네시아의 쓰나미에 대한 재난 구호활동에서 암시했다. 한국은 수출주도형 경제 체제 국가로, 수출이 전체 경제에서 차지하는 비중이 매우 높다. 2011년 세계 수출 1~5위 국가의 GDP 대비 수출량 비율을 보면, 1위 독일(31%), 2위 미국(10%), 3위 중국(14%), 4위 일본(11%), 5위 프랑스(18%)에 비해 한국은 48%(수출 5,565억 달러, GDP 1조 1,630억 달러)를 차지한다. 따라서 외국에서 한국 상품을 많이 사주어야 경제가 잘 돌아간다. 더구나 2011년 현재 한국의 수출액 5,565억 달러 중 73%가 개발도상국에 대한 수출이다. 그런데 최근 연구에서 나타난 것처럼, 사람들이 외국 상품을 살 때는 상품의 브랜드도 중요하지만 그 나라의 신뢰도나 품격까지 고려한다. 일종의 윤리적인 구매라고 할 수 있다. 예를 들어 이탈리아산 핸드백을 사는데 이탈리아 정부가 부패했거나 칠레산 포도주를 사는데 칠레 정부가 인권을 억압 하거나 하면 그 나라의 상품을 덜 사려 한다는 것이다. 이것은 국제 협력에서도 마찬가지다. 한국이 국제 협력에 적극적으로 참여하여 국가 품격이 높아지면, 코리아 브랜드의 가치가 높아져 한국 상품의 수출에도 긍정적인 영향을 미친다. 따라서 국가는 시민사회의 개발도상국 국제 협력 활동을 적극적으로 지원해야 한다. 물론 경제 외적인 요소로서 과거 한국 지원에 대한 보은(예: 필리핀, 콜롬비아, 에티오피아)이나 한국이 입힌 상처를 보듬는 입장(예: 베트남)에서도 기꺼이 국제 협력을 강화해야 한다.

평화통일의 성취

1. 교류의 확대

일본이 우울해졌다. 일본 전자회사 소니·샤프·파나소닉 등은 한때 세계 가전업계를 호령하며 삼성과 같은 존재는 경쟁상대로 여기지도 않았다. 그러나 2011년 일본 전자회사 10대 기업의 이익을 다 합쳐도 삼성전자 1개 기업이 달성한 이익이 되지 못했다. 이익은 고사하고 3대 전자회사만 해도 적자가 무려 170억 달러(약 20조 원)에 달했다. 실제로 많은 전문가는 21세기 중반에 일본이 중진국으로 추락할 것이라고 전 망하기도 한다. 1980년대 후반 일본은 세계 경제를 주름잡으며 한때 미국을 추월할 것이라는 전망도 있었다. 미국의 핵심인 뉴욕의 부동산 10%가 일본 소유라는 보도도 있었다. 그래서 미국에서는 일본 기업의 종업원 의사 결정 참여와 상품 품질관리방식인 QC(quality circle), Z이 론(Z theory) 등을 배우는 열풍이 불기도 했다. 그러나 오늘날 일본 전 자회사는 미국 애플(Apple)처럼 혁신적인 사고로 아이폰을 만들지도 않고, 삼성처럼 개발 능력과 조직력으로 반도체·휴대전화·TV에서 경쟁력을 갖추지도 못한다. 경영 혁신을 부르짖고 있지만, 결국 일본 전자회사는 회생이 어려울 것으로 보인다.

마침 일본에 불어닥친 K-pop 열풍도 있어서 일본 사람들은 한국이 정말 대단하다고 칭찬하는 것을 아끼지 않았다. 그 쟁쟁하던 일본 전자회사를 다 합쳐도 삼성이라는 기업 하나를 못 당하니 그럴 만도 하다. 실제로 미국 한 민간 싱크탱크(think tank)는 2050년 세계에서 한국이 미국 다음으로 능력 있는 국가가 될 것으로 전망하기도 했다. 2050년이 되면 한국의 개인소득이 9만 달러를 상회하여 미국 다음으로 잘살게 된다는 것이다. 그리고 미국 한 투자회사는 BRICs 4개국(브라질, 러시아, 인도, 중국)과 MIST 4개국(멕시코, 인도네시아, 한국, 터키)이 앞으로 세계 경제에서 중요한 역할을 할 것으로 전망했다. 그만큼 한국은 경쟁력이 강하고 비전이 있는 국가라는 것이다. 미래가 어떨지는 모르지만 분명 듣기에는 기분 좋다. 사실 바깥에서 보면 한국은 대단한 나라이기도 하다. 10만 km^2도 되지 않는 작은 면적(세계 108위)에 5,000만 명의 인구(세계 25위)로 2012년 현재 세계 10대 무역국가, 총생산 15위, 개인소득 31위를 자랑하고 있다. 그런가 하면 지능지수(IQ), 학습 능력, 문자 해독률, 정보화 수준 등에서 세계 최고 수준이다. 그 외에도 반도체, 휴대전화, TV, 조선, 자동차, 철강, 인천공항, 지하철 등 한국이 세계에 내세울 것은 많다.

반면 한국은 세계에서 부끄러운 것도 많다. 한국은 세계 주요 문명국을 대상으로 할 때 자살률, 교통사고 사망률, 저출산율, 낙태율, 이혼율, 소득대비 사교육비 등에서 명실상부하게 1위이다. 그 외에도 술(증류수) 판매량, 위암 발생률, 청소년 흡연율, 여성 흡연율, 낙태 건수, 제왕절개 출산율, 미혼모 출산 자녀 수, 고아 수출, 여성불평등지수, 저임금 여성노동자 비율, 40대 남성 사망률, 남녀 평균수명 차이, 남성 근로시간, 노인 자살률, 노인 빈곤율, 성형수술 비율, 개인당 물소비량, 이산화탄소 배출가스 증가율, 파생금융상품 판매액 등도 거의 세계 1위에 가깝다. 이런 것들은 대체로 국민의 도덕성이나 삶의 질과 역관계이다. 실제로 한국은 행복지수에서 세계 50위에도 들지 못한다(2010년 갤럽 조사에서는 세계 56위, 2012년 한국보건사회연구원의 발표에는 OECD 34개국 중 32위). 그런데 이보다 더 마음에 걸리는 것이 하나 있다. 한국 사람에게 숙명처럼 따라다니고, 지금 당장 엄청난 비용을 초래하며, 앞으로 한국 사람에게 커다란 부담이 되는 것, 바로 분단이다.

지금 한국의 경제 수준과 개인소득이 통일된 나라의 모습이라면 얼마나 좋을까! 그러면 〈표 9-1〉에서 보는 바와 같이, 국토 면적이 22만 km^2로 세계 80위쯤 되고, 인구는 7,400만으로 세계 19위가 된다. 경제력(국내 총생산)은 1조 7,200억 달러가 되어 세계 12위쯤 되고(전체 인구에 2011년 남한의 개인소득을 곱했다), 무역량은 일본을 능가하여 독일·미국·중국에 이어 세계 4위가 된다(전체 인구에 2011년 남한의 개인 평균 무역량을 곱했다). 이뿐만이 아닐 것이다. 국내에서 국민들의 행동 반경이 금강산으로 백두산으로 넓어지는 것은 말할 것도 없고, 열차를 타고 베이징을 지나 티베트로 가고, 모스크바를 지나 유럽으로 갈 수도 있다. 그야말로 말로만 하던 실크로드를 실제로 체험할 수 있고, 경제 영토가 확장되어 경제 성장에도 효과가 엄청날 수 있다.

그러나 불행하게도 우리는 분단되어 있다. 통일이 우리의 소원이기

〈표 9-1〉 통일을 가정한 2011년 한국의 규모

구분	수치	세계 순위	비고
국토 면적	22만 km^2	80위	영국과 비슷
인구	7,400만 명	19위	이란과 비슷
경제력	1조 7,200억 달러	12위	캐나다와 비슷
무역량	1조 6,000억 달러	4위	중국과 일본 사이

는 하지만, 통일이 된다면 수십 년 동안 엄청난 정신적·물질적 비용을 초래할 것이다. 세계 선진국 대열에 있는 남한이 세계에서 가장 가난하고 인권 수준이 낮으며 민주주의체제와는 거리가 먼 북한과 조화롭게 통합한다는 것은 간단한 일이 아니다. 그것은 10년 정도로 완결할 수 있는 사업이 결코 아니다. 그래도 우리는 통일을 해야 한다. 지금 당장 이산가족의 고통을 덜어주기 위해서라도 통일은 되어야 한다. 군비를 축소하고 비용을 줄이기 위해서라도 분단은 극복되어야 한다. 강대국의 틈바구니에서 살아남기 위해서라도 남북한이 합쳐야 한다. 그리고 인도주의 원칙에 따라 북한의 독재정권·인권유린·빈곤 등을 해결하기 위해서라도 통일은 성취해야 한다. 이 모든 이유를 떠나 국경·인종·언어·종교 등을 초월하여 인간이 서로 만나서 교류하고, 협력하고, 우정을 나누는 것은 실존의 근본이다. 그러므로 민족의 허리를 가로질러 막고 있는 철조망을 걷어내고 서로 교류하고 통합해야 한다.

그렇다면 어떻게 통일을 성취할 수 있을까? 참으로 지난한 문제다. 어느 누구도 명쾌한 해답을 내놓기 어렵다. 분단된 지 66년이 되도록 뾰족한 수가 없었기 때문이다. 통일 전문가도 내놓을 수 없는데 보통 사람에게 무슨 수가 있겠는가! 그래도 한 가지 분명한 것이 있다. 통일을 성취하기 위해서는 남북한 간에 교류를 확대해야 한다는 것이다. 서로 만나고 거래하는 것이 많아야 대화가 늘어나고, 대화가 늘어나야 이해도 증진된다. 그리고 교류가 늘어나야 공동 문제를 해결하기 위해 서로 협력하고 연대할 수 있다. 또 한 가지 분명한 사실은 교류의 확대가 정부 영역만의 교류에 그쳐서는 안 된다는 것이다. 정부 영역에서도 정상회담을 자주 하고 다양한 실무회의를 많이 해야겠지만, 경제 영역의 거래도 중요하다. 서로 교환하고 거래하는 무역량이 늘어나면 자연적으로 상호 의존도가 높아지고, 그렇게 되면 화해와 개방이 서로에게 이득이 되므로 대결과 폐쇄를 지양하게 된다. 그리고 시민사회의 교류도 매우 중요하다. 정치 영역에서 교류가 늘어난다고 하더라도 합의를 이루기 어려운 사안이 많다. 서로 권력을 차지하려 하거나 권력을 놓지 않으려고 하기 때문이다. 경제도 상호 윈윈 전략(win-win strategy)이 가능하겠지만, 궁극적으로 이익을 극대화하려는 속성 때문에 경쟁과 대결이 일어난다.

그러나 시민사회는 국가나 시장 원리와는 다르다. 시민사회는 교류·대화·협력·연대 등과 같은 행위를 다른 목적을 위한 수단으로 보지 않고, 그 자체를 목적으로 간주한다. 자율·참여·연대와 같은 가치를 중시하는 시민사회는 인간이 서로 만나 교류하고, 협력하고, 우정을 나누는 그 자체를 중요한 가치로 여긴다. 사실 시민사회는 다양한 인간이나 집단이 서로 만나 소통·공감·관계 등을 강화하고 확대하는 시민문화의 장이다. 상호 교류를 통해 커뮤니티를 만들고, 공론장을 형성하며, 관용을 배우고, 약자를 보호하며, 축제를 열고, 예술을 체험하며, 인격을 연마하고, 영성을 발현하는 것 등 무수한 시민문화의 역동은 시민사회라는 공간에서 일어난다. 따라서 시민사회는 국가와 시장이 할 수 없는 정신적 가치, 윤리적 이상, 사회적 관계, 문화적 결속을 이루는 다양한 시민문화를 내포하고 있다. 이러한 시민문화를 매개로 남북이 서로 교류하고 협력을 강화할 때 통일로 가는 길이 앞당겨질 수 있다. 따라서 정부는 시민사회의 통일운동이 활성화되도록 지원해야 한다.

2. 공진화의 전략

한국이 해방 이후 짧은 역사 속에서 민주주의와 경제발전에서 성공했다면, 역대 대통령은 모두 그 나름의 역할을 했다고 볼 수 있다. 1987년 6월항쟁 이후만 하더라도 노태우 대통령은 과도기에 민주화의 길을 열었고, 김영삼 대통령은 군사정권을 청산했으며, 김대중 대통령은 절차적 민주주의를 완성했다. 그리고 노무현 대통령은 정치를 개혁했고, 이명박 대통령은 국가의 위상을 높였다. 각자 그 나름의 역할을 했기에 국민에게서 마땅히 존경을 받아야 한다. 그런데 불행하게도 하나같이 대통령 임기가 끝날 때쯤이면 경제난이나 부정부패로 얼룩져서 지지율이 추락하고, 심지어 식물 대통령이 되어버린다. 이명박 대통령도 엄청난 표를 얻어 장밋빛 비전으로 화려하게 시작했지만, 이제 임기가 얼마 남지 않은 상황에서 역시 과거 대통령과 비슷해져버렸다(앞으로 대통령이 되는 사람은 이러한 국가적 숙명의 사슬을 끊어내야 할 것이다). 2012년 7월 2일에 제19대 국회가 개원을 하고 대통령이 마지막 국회연설을 했는데, 국회의원들이 단 한 번도 박수를 치지 않았다고 한다.

무엇을 이명박 대통령의 치적으로 내세워야 할지 모호하다. 대기업

CEO 출신으로서 경제대통령을 외쳤지만, 실제로 노무현 대통령 임기
(5년간 평균 경제 성장률 4.34%)보다도 경제 성장률이 낮다(이명박 대통령
5년간 평균 경제 성장률은 3% 예상). 외부 환경이 달랐다고 하지만, 후세
사람들이 그런 것까지 계산해주지는 않을 것 같다(그렇다면 박정희 대통
령의 경제 성장 업적은 경제조건이 좋았기 때문이라고 할 수 있는데, 사람들
은 그런 이유로 박정희 대통령의 경제적 성공을 폄하하지 않는다). 인권을
비롯하여 민주주의 수준은 오히려 후퇴했다. 그렇다고 복지가 나아진
것도 아니다. 이명박 대통령은 사실 중요한 정책의제여야 할 복지에 관
심을 거의 갖지 않았다(이러한 이유 때문인지 박근혜 새누리당 대선 후보가
보수 정당임에도 복지정책에 적극적이다). 내심 4대강 개발을 치적으로 내
세우고 싶지만, 그것은 엄청난 회오리를 몰고 올 가능성이 높다. 이 모
든 것은 그렇다고 치고, 재임기간의 국가 정책 중 정말 이해되지 않는
것이 있다. 바로 남북관계의 경색과 충돌이다. 이명박 정부에서 남북
간에 있었던 일이라고는 북한의 침투를 받아 천안함이 침몰하여 46명
의 젊은이가 희생된 것, 연평도에 포격을 받아 마을이 파괴되고 불타버
린 것뿐이다.

　국제 관계, 군사, 통일 분야에 쟁쟁한 전문가가 많을 텐데 어떻게 해
서 이렇게 되었는가? 능력 있는 참모를 발굴하지 못한 것인가, 아니면
대통령이 참모의 말을 듣지 않는 고집불통인가? 한국이 남북관계에서
궁극적인 목적으로 삼는 것은 평화적인 통일이다. 그렇다면 최악의 상
황은 전쟁 발발이다. 이명박 정부에 와서 1953년 휴전 이래 처음으로
국지전이 발생했고, 가능성은 극히 낮지만 전면전의 위험도 있었다. 과
거 정부에서는 상호 화해와 협력을 구축하기 위해 교류를 확대하고 경

제적인 거래와 지원을 강화했다. 그러나 이명박 정부는 대북 압박정책으로 일관했고, 그것은 결국 엄청난 비용을 초래했다(북한의 많은 지하자원과 개발사업이 중국으로 넘어간 것은 기회비용으로 별도로 계산해야 할 것이다). 과거 정부에서도 통일정책은 문제가 있었다. 대북한정책에서 중요한 목표 중 하나가 북한의 핵무기 개발과 보유를 막는 것인데, 과거의 햇볕정책은 이것을 막지 못했다(북한이 과연 핵보유국인가에 대해서는 의심의 여지가 있다). 그러나 북한을 지원하여 긴장을 완화하고, 북한의 개방을 촉진하며 경제적으로 성장할 수 있도록 도와주는 것이 기본 정석이다. 결국 햇볕정책과 고립정책 모두 북한의 핵무기 개발과 보유를 막을 수 없다고 한다면, 그래도 사회적 비용이나 인도주의의 측면에서 전자가 낫다.

이명박 정부의 대북한정책이 압박정책·고립정책으로 일관한 것은 북한이 갑자기 붕괴하여 저절로 통일이 되거나, 아니면 한국군이 휴전선을 넘어 평양을 접수할 수 있다고 가정한 것 같다(그렇지 않고서는 대북한 압박정책이 설명되지 않는다). 그런데 이것은 정말 순진한 생각이 아닌가? 몇 년 전에 백선엽 장군이 중앙일보에 한국전쟁 참전기를 몇 달간 연재했다. 백선엽 장군은 연재 마지막에 가서 한국전쟁은 북한군과 싸운 것이 아니라, 중국군과 싸운 전쟁이라고 결론 내렸다. 북한군과는 3개월밖에 싸우지 않았고, 나머지 3년 가까운 기간에 중국군을 상대로 싸웠다는 것이다. 1950년대 한국전쟁 당시 중국은 경제적·군사적으로 미국보다 굉장히 열세였다. 그러나 지금의 중국은 전혀 다른 모습이다. 그런 중국이 북한을 순순히 남한에게 내주고 압록강을 경계로 하여 미국과 군사적 대치를 하도록 허용할까? 인류 역사에서 세계 2대 강대국이 강 하나를 사이에 두고 대치한 적이 있던가? 중국은 미국이라는 강대국과 대치하면서 한반도를 완충 지역으로 두려고 하지 않을까? 가능성이 희박하기는 하지만, 만약 중국이 미국과 무력충돌을 하게 된다면 자국 영토 바깥 한반도에서 부딪치는 전략을 선택하지 않을까? 그렇다면 압박정책이 가정한 북한의 붕괴는 전쟁 다음으로 최악의 상황이 아닌가? 더구나 북한이 갑자기 붕괴하여 수백만 명이 휴전선을 넘어 남한으로 내려올 경우 대처할 수 있는 방안은 있는가(북한의 붕괴가 실제로는 압박이 아니라 개방으로 가능하다는 것은 별도로 제쳐놓기로 하자)?

남북관계는 최악인 전쟁, 차악인 북한 붕괴를 막아야 한다. 그러한 기조 위에서 남북한 간의 관계는 전향적으로 나아가야 한다. 한반도 분단에는 시작부터 강대국의 이해관계가 개입되었고, 지금도 미국과 중국을 비롯한 강대국들의 이해관계가 걸려 있다. 다 아는 이야기이지만, 이런 강대국들은 당연히 자국 이익의 관점에서 한반도를 바라본다. 그렇다면 한국의 대북한정책은 분명해진다. 그것은 남북한이 직접 교류와 협력을 확대하여 상호 적대감과 긴장을 줄이고, 주변 강대국들에게 이용당하지 않아야 하는 것이다. 그런 방향으로 끌고 가는 데는 남한이 더 많은 책임을 져야 한다. 남한은 북한에 비한다면 그야말로 큰 형님이기 때문에 더 많이 양보하고 도와주어야 한다. 〈표 9-2〉에서 보는 바와 같이 남한과 북한은 경제력뿐만 아니라 군사력과 생활 수준에서도 엄청난 차이가 난다. 그야말로 1960년대의 남한과 2011년의 남한을 비교하는 것과 비슷하다.

남북한 간의 긴장을 완화하고 화해를 증대하여 궁극적인 평화통일로 나아가기 위해서는 서로가 상대를 인정하는 가운데 조금씩 더 나은

<표 9-2> 2011년 남북한의 규모 및 역량

구분	남한	북한	북한/남한(%)
인구	4,900만 명	2,400만 명	49.0
총생산	1조 1,600억 달러	192억 달러	1.7
개인소득	2만 4,000달러	800달러	3.3
무역량	1조 800억 달러	56억 달러	0.5
군사비	31조 5,000억 원	8조 5,000억 원	27.0
평균 키(남)*	173cm	158cm	91.3
평균 수명	80세	68세	85.0

* 영양 상태의 기준이 될 수 있다.

관계로 공진(共進)해가야 한다. 인내심을 가지고 상호 교류를 확대하고 협력하는 가운데 새로운 관계로 발전해가는 것이다. 상대를 인정하고 교류와 협력을 지속하여 화해 분위기가 조성되면 분단 비용을 줄일 수 있고, 통일에도 더 가까이 다가갈 수 있다. 서독의 사민당이 독일 통일을 위해 취한 작은 걸음 정책(small step policy)이 이와 비슷하다. 남북 관계는 사실상 주권을 가진 국가 간 관계이기 때문에 일방적으로 요구하거나 한 번에 커다란 변화를 기대하기 어렵다. 물론 경제적으로 훨씬 좋은 위치에 있는 한국이 많이 양보하고 지원해주어야 한다. 그렇다고 요즈음 논쟁이 되고 있는 종북주의처럼 북한을 추종하는 것이 아니다. 상대의 체제를 무조건적으로 따라가는 것이 아니라, 상대를 인정하고 협력하는 가운데 상대를 설득해가는 것이다. 물론 공통점을 발굴하고 서로 닮아가는 연습을 하는 것은 중요하다. 공진화 전략의 기본은 우선 두 당사자가 서로를 막고 있는 빗장을 푸는 것이다. 또한 주변국과 선린관계를 유지하여 협력을 유도하는 것도 중요하다.

그렇다면 어떻게 북한을 설득하여 새로운 관계로 한 걸음씩 전진할 수 있을까? 우선 선린 외교와 경제적 협력이 중요할 것이다. 그것에 더하여 민간 영역의 교류와 협력을 확대하는 것도 중요하다. 독일 통일에서 보는 바와 같이, 어쩌면 국가 간의 관계보다는 민간 영역에서의 교류와 사고의 공유가 더 중요하다고 할 수 있다. 따라서 정부는 시민사회에서 문화적 교류와 인도적 원조 등이 활발하게 이루어지도록 해야 한다. 2012년 현재 한국에는 수백 개의 통일운동 NGO가 있다. 이러한 단체들은 정부가 공진화 전략을 추진하는 데 매우 중요한 원군이 될 수 있다. 한국은 남북관계를 전향적으로 개선하여 분단비용을 줄이고 통일로 나아가야 한다. 그렇다면 시민사회의 통일운동을 활성화하고, 이를 평화통일의 성취에 적극적으로 활용할 수 있어야 한다.

3. 주변국의 협력

한국의 통일정책은 독일 통일에서 배울 것이 많다. 제2차 세계대전의 추축국인 독일은 전쟁에 패배함에 따라 미국과 소련 양 강대국의 이해관계에 따라 분단되었다. 프랑스를 비롯하여 주변국들도 강력한 힘을 가진 독일이 유럽의 중앙에 세워지는 것을 결코 원하지 않았다. 그러나 분단 이후 서독은 비록 정권 교체에 따른 변화는 있었지만, 통일에 대한 의지와 희망을 가지고 끈기 있게 통일을 추진했다(기민당과 사민당의 통일정책에서 차이가 났지만, 「기본법」 23조 적용대상 지역 조항과 116조 국적 조항은 한 번도 개정되지 않았다). 서독 통일정책의 기본 원칙은 크게 두 가지다. 하나는 동방정책이다. 빌리 브란트(Willy Brandt) 총리가 1968년에 주창한 동방정책은 일종의 동독 개방정책이다. 그것은 동쪽의 공산국가를 개방되게 해 상호 교류와 협력을 강화한다는 것이다. 소련에서 미하일 고르바초프(Mikhail Gorbachyo)가 등장하여 글라스노스트(glasnost, 개방)와 페레스트로이카(perestroika, 개혁)를 추진한 것도 독일의 동방정책과 밀접한 관련이 있다. 동방정책은 동독과의 긴장을 완화하고 동독이 바뀌게 해, 독일 통일을 성취하는 데 밑거름이 되었다.

다른 하나는 내독정책이다. 이것도 정권에 따라 변화가 있기는 했지만(보수적인 기민당은 자석이론 원리에 따라 힘의 우위에 따른 흡수통일의 방식을 추진한 반면, 진보적인 사민당은 상호 교류와 협력을 증대하여 영역의 통합과는 관계없이 통일에 가까운 상황을 달성하는 것을 지향했다), 기본적으로 동독의 시민은 자국의 시민이라는 인식하에 그들의 삶을 개선하는 것을 중요한 정책 목표로 설정했다. 따라서 군사적 목적이 아니고 동독 시민의 삶의 질을 증대하는 것이라면 적극적으로 지원했다. 이러한 지원은 결국 동독 사람들이 서독의 자유주의 체제가 우위에 있음을 인식하게 하고, 동독에서 여론을 형성하여 동독 정부가 변화하도록 유도했다. 물론 자유주의 체제를 알리고 분단에 따르는 고통과 동독인 생활의 내핍을 지원하기 위한 민간 교류는 더 활발하게 진행되었다.

서독이 아무리 정치 체제와 경제력의 우위를 확보하여 동독을 개방되게 하고 경제적 지원을 한다고 하더라도, 주변국들의 동의와 협력이 없었다면 독일 통일은 불가능했다. 실제로 서독은 프랑스를 비롯하여 제2차 세계대전의 전승국인 주변국들이 통일을 반대하거나 원하지 않기 때문에 통일이 사실상 불가능하다는 생각도 가졌다. 따라서 서독이 통일을 지향하여 통일정책을 수립할 때는 반드시 주변국의 협력을 어떻게 얻어낼 것인가가 관건이었다. 그래서 서독은 주변국의 이해와 협력을 얻어내기 위해 피나는 노력을 했다. 나치의 죄과에 대해 철저하게 반성하고, 재발 방지를 위한 교육을 실시했다. 전범을 추적하여 재판에 회부하는가 하면, 민간인의 피해에 대해서는 최대한의 경제적 보상을 했다. 심지어 서독 총리가 주변국을 방문할 때는 희생자와 그 유가족 앞에 무릎을 꿇고 용서를 빌었다. 1970년 서독 총리 빌리 브란트가 폴란드 바르샤바를 방문했을 때, 나치 희생자 앞에 무릎을 꿇고 용서를 빈 사건은 전 세계 언론을 통해 전해졌다. 그만큼 독일은 주변국의 협력을 얻어내기 위해 나치의 죄과에 대해 뉘우치고 있다는 것을 보여주었다.

주변국의 협력은 탈동독자의 흡수에도 매우 중요한 역할을 했다. 서독과 동독 간에 상호 교류와 협력을 강화하고 동독민의 생활을 개선하기 위해 서독이 지원함에 따라, 동독인들은 공산주의 체제에 대해 회의를 느끼고 반감을 가졌다. 따라서 동독을 탈출하여 주변국으로 갔다. 주변국 중에도 공산국가가 많았는데, 이들 국가는 서독이 공들인 협력 관계로 탈동독자를 동독으로 되돌려 보내지 않고 서독으로 보냈다(요즈음 중국이 탈북자를 북한으로 환송하는 문제를 떠올리게 한다). 심지어 탈동독자가 있다면 서독 대통령이나 총리가 비행기를 타고 폴란드나 헝가리로 날아가기도 했다. 동독인이 꾸준히 동독을 벗어나 서독으로 유입된다는 것은 그만큼 동독 정부의 정당성에 문제가 있고 서독 체제가 우월하다는 것을 자연스럽게 증명하는 것이 되었다. 이러한 현상이 소련의 개방정책·개혁정책과 맞물려, 동독이 무너지고 또 주변국들이 독일 통일을 인정하는 계기가 되었다. 여기서 중요한 교훈 두 가지가 있다. 하나는 정보와 사람이 움직이면 내부에 변화가 일어난다는 것이고, 다른 하나는 문제를 해결하기 위해서는 주위의 협력이 필요하다는 것이다.

물론 한국의 상황은 독일과 다르다. 상호 치열한 전쟁을 겪었기 때문에 남한은 서독이 동독에게 한 만큼 북한에 대해 유연하지 못하다. 북한은 동독보다 더 폐쇄적이고 호전적이다. 그리고 주위에 중국이라는 강대국이 버티고 있다. 이러한 상황에서 통일을 달성하기 위해서는 점차 상호 교류와 새로운 관계로 나아가는 공진화의 전략에 기초하여 주변국과의 교류와 협력을 증대하는 것이 매우 중요하다. 한때 서독이 미국을 비롯한 서방 국가 중심으로 단결하여 힘의 우위정책을 사용하고 소련에 동맹 대결을 펼친 적이 있지만, 그것은 성공적이지 못했다. 마찬가지로 한국도 동맹을 형성하여 대결하는 것은 한반도의 긴장 완화나 통일에 도움이 되지 않는다. 특히 중국을 적대시하는 것은 문제를 악화한다. 우선 중국을 우호적인 주변국으로 만들어야 한다. 따라서 한반도를 둘러싼 국제관계는 미국과의 협력을 공고히 하되, 다자주의로 가야 한다. 그리고 다른 주변국들과도 교류와 협력을 강화하여 우호적인 국가로 만들어야 한다. 그래서 이들 국가로 탈출한 탈북자가 안전하게 한국으로 들어올 수 있도록 해야 한다.

아시아 주변국을 남한에 우호적인 국가로 만들기 위해서는 그런 여론이 형성되는 것이 중요하다. 주변국에서 우호적인 여론을 형성하는 것은 갑작스러운 상황에 대한 대비에서도 중요하다. 장기적으로 북한이 개방하고 성장하게 하여 평화적으로 통합하든가, 남북한을 합쳐 여러 개의 연방제로 갈 수도 있다. 그러나 개방과 개혁은 소련이나 동독, 그리고 다른 동유럽 국가에서 보듯이 공산국가의 갑작스러운 붕괴로 이어질 수 있다. 이때 중요한 변수가 바로 중국의 태도이다. 중국은 지리적 위치, 군사적 힘, 개입의 명문화 등 충분히 북한 상황에 개입할 수 있는 조건을 갖추고 있다. 따라서 중국이 한반도에 개입하는 것이 커다란 손실을 초래하게 해야 한다. 달리 말해서 중국이 개입하지 않도록 여러 가지 혜택을 제시하는 것이다. 단일 동맹이 아니라 다자주의의 원칙을 지키는 것도 그중 하나이다. 경제적 관계를 확대하고 긴밀하게 하는 것도 중요하다. 여기서 빠질 수 없는 것이 바로 국제사회, 특히 아시아의 여론이다.

여론은 형성 주도자가 있다. 대통령을 비롯한 정치가, 언론인, 학자 등 입과 펜으로 영향력을 행사하는 사람이 오피니언 리더(opinion leader)가 된다. 여론이란 달리 말해 대중의 공통된 의견을 말한다. 그런데 대중이 국가 정책이나 세계 상황에 대해 의견을 교환하고 공감을 일으키는 공간이 바로 시민사회이다. 오늘날에는 정보사회가 발달함에 따라 여론 형성의 장은 사이버 공간에서도 활발하다. 이렇게 본다면 주변국의 협력을 얻기 위해 우호적인 여론을 만들려면, 여론 형성의 장인 시민사회의 역할이 매우 중요하다. 물론 아시아 각국의 시민사회에서 여론을 형성하기 위해서는 국가적인 차원의 지원정책, 경제적 차원에서 기업의 사회공헌 활동도 중요하다. 또한 요즈음 한국의 드라마나 가요가 아시아에서 인기를 끌고 있어서 문화적 교류나 연대도 중요하다. 여기에 또 빼놓을 수 없는 것이 바로 시민사회적 연대이다. 한국 NGO들이 세계사회에서 국제연대를 활발하게 해야 하지만, 우선 아시아에서 협력과 연대를 강화해야 하는 것은 이러한 이유에서도 중요하다.

한국 시민사회가 아시아 시민사회에서 어떻게 협력과 연대를 강화할 것인가? 여러 가지가 있다. 저개발국에 대한 국제 원조활동을 실행하는 것, 공통 주제로 함께 시민운동을 전개하는 것, 아시아적 가치에 대해 함께 연구를 진행하는 것, 각종 국제 NGO 회의를 유치하는 것 등을 예로 들 수 있다. 더욱 적극적으로는 한국이 주도하여 아시아 시민사회 지원기금을 설치할 수도 있다. 아시아 시민사회를 활성화하고 연대를 강화하는 데 정부의 재정 지원은 매우 중요하다. 〈표 9-3〉은 거버넌스를 통해 한국 시민사회가 아시아 시민사회의 활성화에 기여하고, 한국에 대한 우호적인 여론을 형성할 수 있는 정책안이다. 아시아의 NGO 활동가들을 초청해서 그들이 한국 대학원에서 2년 6개월 동안 공부하게 하여 NGO 석사학위를 주고, 6개월 동안 시민운동 현장에서 연수를 받게 한 다음, 자국으로 돌아가 각국 시민운동가로 활동하게 하는 것이다. 연간 50억 원을 지원하면 100명을 교육할 수 있다(10년간 500억 원을 지원하여 1,000명 교육). 학비는 정부가 장학금으로 지원하고, 생활비는 대학이 학생들에게 아르바이트를 시키는 대신 월 100만 원을 지급한다. 경부고속철도도 설계 한 번 변경하는 데 1조 원이 들어가고, 4대강 개발사업에 대기업들이 담합하여 부정으로 얻은 이익이 1조 원이라고 하니, 1년에 50억 원은 그야말로 소액에 해당한다.

이와 유사한 교육사업은 이미 성공회대학교 NGO 대학원에서 실시하고 있다. 기업의 지원을 받아 연간 아시아 활동가 10명을 교육하는 1년 단기속성 석사 과정(MAINS 프로그램)이다. 이 정책안에 대해 우선 대상인 일본·중국·몽골을 비롯하여 베트남·타이·캄보디아 등에서 온

〈표 9-3〉 NGO 교육의 아시아 허브 구상

구분	예상 수치 및 분야
교육 주체	국내 NGO 대학원 및 NGO학과
재정 지원	정부
프로젝트 기간	10년
총예산	500억 원*
참가국	① 일본, 중국, 몽골, 러시아 ② 타이완, 베트남, 타이, 필리핀, 말레이시아, 인도네시아, 방글라데시, 캄보디아, 라오스, 부탄, 브루나이, 미얀마, 싱가포르 ③ 인도, 파키스탄, 스리랑카, 네팔, 아프가니스탄, 카자흐스탄, 우즈베키스탄, 타지키스탄, 키르기스스탄 ④ 이란, 이라크, 사우디아라비아, 쿠웨이트, 시리아, 카타르, 이스라엘
교육기간	3년
피교육자 수	1,000명(연간 100명)
교육내용	한국어 연수, NGO학 석사학위, NGO 현장 연수
교육효과	아시아 시민사회의 육성, 아시아 시민사회의 연대, 아시아 평화와 번영의 토대 구축

*1인 연간 1,400만 원×3년×100명×10년＋대학 지원 80억 원

NGO 활동가에게 물어보니 대찬성이었다. 경제적으로 여유가 있고 교육이 발달한 일본에서도 공부하러 오고 싶다고 했다. 한국은 현재 성공회대학교 NGO 대학원을 비롯하여 경희대학교·한양대학교·서강대학교·아주대학교·경북대학교·부산대학교·전남대학교·경남대학교·한일장신대학교 등 전국 10여 개 대학원에 NGO학과를 설치하여 교육하고 있다. 그리고 서울대학교와 연세대학교를 비롯하여 각 학교의 국제 대학원에서도 국제 협력, 시민사회, NGO 등에 대한 교육이 가능하다. 교육할 수 있는 대학의 역량이 늘어나고 재정이 허락하면 1년에 500억 원, 10년간 5,000억 원을 투자하여 연간 1,000명, 10년간 1만 명을 교육할 수 있다.

10년 후 한국에서 전액 장학금(full scholarship)을 받고 석사학위를 받은 1만 명의 NGO 활동가가 아시아 수십 개국에서 다양한 시민운동

을 전개하고, 한국의 정부·재단·NGO와 연결되어 다양한 영역에서 활동한다고 가정해보라(물론 학위를 받은 사람이 모두 귀국하고, 귀국해서도 모두 시민사회에서 활동한다는 보장은 없다). 이는 아시아 각국의 시민사회에서 한국에 대한 우호적인 여론을 형성하는 데 더 없이 좋은 것이다. 정부 예산 중에서 얼마나 많은 돈을 엉뚱한 곳에 털어 넣고 있는가! 장기적인 관점에서 본다면 통일 문제뿐만 아니라 경제 성장을 위해서도 이런 교육사업을 하는 것이 훨씬 효율적이고 효과적일 것이다.

아 시 아 문 명 의 개 척

1. 신사상의 정립

서구 역사에서 중세를 어떻게 규정할 것인가는 간단한 일이 아니다. 주체적 개인에 대한 자각이 없었다는 점에서 암흑의 세기라는 말도 일리가 있다. 이러한 암흑 같은 문명에 대한 반발이 중세 말 15세기 전후 유럽에서 일어났다. 바로 르네상스(Renaissance)이다. 르네상스는 어원적으로 고대 그리스·로마의 문화를 '부흥'하려는 문예운동을 말한다. 그러나 르네상스가 단지 라틴 문예의 부흥에서 끝나지 않고 인간을 해방하고 합리적인 사유를 존중했다는 점에서, 근대 문명을 인도하는 역할을 했다고 볼 수도 있다. 르네상스는 이탈리아에서 처음 일어나 유럽 전역으로 확대되었다. 이후 15~16세기 지리상의 발견으로 유럽을 넘어 아메리카와 아시아로 확대되었고, 16~17세기 종교개혁을 통해 교회 권위에 반항함으로써 귀족에서 일반인에게로 퍼져 나갔다. 우리가 말하는 근대 혹은 근대성(modernity)은 중세 이후 르네상스와 종교개혁의 역사적 성과물에 기초한 계몽주의가 빚어낸 사상과 제도를 말한다.

　원래 근대는 연대기적 범주가 아니라 질적 범주이다. 즉, 어느 특정한 시기와 형태의 사상이나 제도를 지칭하지 않고, 과거에 대한 부정을 통해 계속 진보해간다는 관념을 의미했다. 그러나 우리가 흔히 근대 문명이라고 할 때, 그것은 연대기를 가정한다. 근대의 기점을 15세기 말 르네상스로 보는 학자도 있고, 17세기의 유럽 문명으로 보는 사람도 있다[근대사상을 촉발한 르네 데카르트(René Descartes)가 17세기 전반기에 활동했다]. 그러나 대체로 18세기 전후 계몽주의가 확산되면서 본격적으로 발달했다고 본다. 이렇게 본다면 근대 문명은 영국에서 먼저 시작되었다. 르네상스가 이탈리아에서 먼저 시작된 이래, 지리상의 발견은 스페인과 포르투갈이 주도했고, 종교개혁은 독일이 중심지였다. 이후 17세기 전후 절대국가 체제하에서는 프랑스의 영향력이 강했다. 그러나 18세기에 들어오면 영국이 근대 문명을 이끈다. 영국이 근대 문명 발상지가 된 것은 계몽주의에 기초한 시민혁명과 산업혁명을 선구적으로 성취했기 때문이다. 영국은 일찍이 17세기에 청교도혁명과 명예혁명을 통해 의회정치의 기틀을 확립하고, 이러한 정치적 안정에 기초하여 18세기에 산업혁명을 먼저 추진할 수 있었다.

　대영제국이라는 이름에 걸맞게 세계 문명의 중심이었던 영국은 유럽에서 프랑스·네덜란드·독일 등의 도전을 받은 것보다, 오히려 제1차 세계대전 이후 미국의 급격한 부상으로 쇠퇴해갔다. 특히 미국은 제2차 세계대전 이후 세계 생산량의 50% 이상을 차지하는 초강대국이 되었다. 그러나 2011년 현재 미국 생산량은 세계 생산량의 23%로 줄어들었다. 그래도 여전히 미국은 세계 핵심 국가다. 하지만 생산량에서 본

〈표 10-1〉 2011년 세계 주요 경제 공동체 생산량

구분	GDP(십억 달러)	세계 경제 비율	참여 국가
NAFTA	18,008	28%	미국, 캐나다, 멕시코 등 3개국
EU	17,064	27%	독일, 프랑스, 영국, 이탈리아 등 27개국
한중일	14,759	23%	중국, 일본, 한국, 타이완, 홍콩 등 5개국
ASEAN	2,098	3%	인도네시아, 타이, 싱가포르 등 10개국

다면 2020년대에 중국에게 세계 1위 자리를 내줄 것으로 보인다. 사실 세계 경제의 중심은 이미 미국에서 아시아로 이동했다고 볼 수 있다. 〈표 10-1〉에서 보는 바와 같이, 2011년 현재 북미자유무역협정(North America Free Trade Agreement: NAFTA)에 속한 미국·캐나다·멕시코 3국의 경제는 세계 경제의 28%를 차지하고 있다. 이것은 유럽연합(EU) 27개국 생산량보다 많다. 그러나 아시아의 중국·일본·한국 3국의 생산량과 동남아시아국가연합(Association of Southeast Asian Nations: ASEAN) 10개국만 합쳐도 세계 경제의 26%를 차지한다. 이 외에도 세계 경제의 2.9%를 차지하는 서남아시아의 인도, 세계 경제의 2.3%를 차지하는 환태평양권의 호주가 있다. 따라서 현재 세계 경제의 중심은 아시아로 이동했다. 몇 년 지나면 동북아시아만 해도 세계 최대 경제 구역이 된다. 지난 100년 동안 세계를 지배한 미국시대가 끝나가고 있는 것이다.

세계 문명의 이동은 항상 경제부터 먼저 이동한다. 경제는 바로 국가가 가진 힘의 근원이기 때문이다. 정치력도 군사력도 기본적으로는 경제력에서 나온다. 따라서 경제 중심이 이동하면, 그다음 정치와 군사의 중심이 이동한다. 경제 중심이 미국에서 동북아시아 쪽으로 이동했기 때문에 앞으로 한중일 3국의 정치력이나 군사력도 미국을 능가할 것이다. 특히 중국의 정치적 발언권과 군사적 힘이 크게 증대할 것이

다. 경제에 이어 정치와 군사의 중심이 이동하면 철학·사상·문화의 중심 이동이 일어난다. 지난 100년 동안 근대적 학문의 중심지는 미국이었다. 그래서일까? 현재 대부분의 한국 지식인도 미국에서 공부했다. 그러나 앞으로 그 중심은 동북아시아 국가로 이동한다. 이렇게 되면 새로운 세계 문명으로서 동북아 문명이 태동할 것이다. 동북아적 사고, 동북아적 사상, 동북아적 문화라는 말은 이제 낯선 개념이 아니다. 벌써 이러한 동북아 문명에 대한 담론과 연구가 활발하게 진행되고 있다.

그렇다고 서구 근대 문명이 쉽게 무너진다는 것은 아니다. 근대 문명이 지난 300년 동안 구축해온 과학 기술은 결코 간단하게 성취할 수 있는 것도 아니고, 또한 간단하게 해체할 수 있는 것도 아니다. 더구나 근대 문명은 이성과 합리성에 기초하므로 자체에 자기 성찰의 정신을 가지고 있어 스스로를 치유하는 능력이 있다. 그럼에도 세계 문명이 동북아시아로 이동하고 있음은 부인하기 어렵다. 그렇다면 동북아시아 국가들은 미국 사이클을 대체할 새로운 문명을 어떻게 구축할 것인가? 따지고 보면 동북아 문명은 많은 문제를 안고 있다. 경제력이 성장하고 그에 따라 정치 발언권과 군사력이 확장된다고 해서 문명의 중심이 되지는 않는다. 중국의 생산량이 미국을 능가한다고 하더라도 현재와 같은 개인소득 수준, 통제경제, 일당 체제, 감시체계 등으로는 세계 문명을 이끌 수 없다. 세계 문명을 이끌기 위해서는 그에 걸맞은 철학과 사상이 있어야 한다. 그리고 그런 철학과 사상에 기초한 보편적 가치와 그 가치에 기초하는 사회제도와 문화를 구축해야 한다. 그러한 능력 없이는 아무리 동북아 문명을 외쳐도 그것은 모래 위에 지어놓은 집에 지나지 않는다. 그리고 철학적·제도적 토대가 없는 경제적 성공은 일시적 영화(榮華)로 끝나고 만다.

　동북아 문명은 한중일 3국이 함께 구축해야 할 역사적 과제다. 그러므로 한국도 구경만 하고 있을 수 없다. 한국은 이제 세계의 주변국이 아니다. 오늘날 한국이 개발하는 기술이 세계 표준이 되고, 한국이 제창하는 문화가 세계 전형이 되기도 한다. 동북아시아 내에서도 중국과 일본이 서로 대결하는 가운데 한국은 조정자 역할을 할 수 있고, 지식과 정보의 허브(hub)가 될 수 있다. 물론 이것은 국가의 힘만으로 되지 않는다. 오히려 국가 체제로는 서구 사회를 당할 수도 없고, 중국과 일본을 극복하기도 어렵다. 또한 국가의 힘만으로는 새로운 문명의 사상과 제도를 창안·실험·적용하는 데 한계가 있다. 경제도 마찬가지다. 경제적 교류의 확대는 분명 상호 간의 관계를 긴밀하게 하고 새로운 문명의 모티브를 제공할 수 있다. 그러나 그것 자체가 새로운 문명의 사상이나 제도는 아니다. 동북아 문명은 오히려 경쟁에 기초하여 성장을 지향하는 자본주의체제를 어떠한 형식으로든 보완하고 극복해야 한다. 그리고 한국의 경제 규모는 중국과 일본에 비해 너무 작다. 따라서 새로운 문명에 필요한 사상의 정립과 제도의 개발은 반드시 시민사회의 에너지를 활용해야 한다.

　시민사회는 새로운 사상·윤리·문화에 대한 담론과 연구를 전개하고, 새로운 체제와 제도를 발명하며, 다양한 공론장을 통해 여론을 형성하는 곳이다. 한국 시민사회는 역사가 짧고 맨파워(manpower) 또한 약하기는 하지만, 매우 역동적이고 창의적인 능력이 있다. 기존 제도를 넘어 새로운 제도를 창안하여 이를 실험하고 서로 비판하는 문화가 형성되어 있는 것이다. 또한 한국 시민사회는 중국이나 일본의 시민사회에 비해 국제적 연대나 네트워크를 구축하기에 좋은 위치에 있다. 한국 시민사회는 중국처럼 국가에 종속되어 신뢰성에 문제가 있는 것도 아니고, 일본처럼 과거 국가주의 유산을 극복하지 못한 한계가 있는 것도 아니다. 따라서 정부는 시민사회에서 동북아 문명에 대한 연구와 토론이 활발하게 전개되고, 그 속에서 국가적·국제적 네트워크가 활성화되도록 지원해야 한다. 동북아 문명의 개척이 한국에게 중요한 과제라고 할 때, 국가가 이에 대한 과제를 수행하기 위해서는 시민사회와 거버넌스를 형성하여 서로 협력하는 것을 회피해서는 안 된다.

2. 평화 공동체의 형성

지난 300여 년 동안 지속된 서구 문명과 좀 더 구체적으로 지난 100년 동안 세계를 지배해온 미국 문명을 대체할 동북아 문명을 구축하기 위해 한국·중국·일본은 지역 체제를 어떻게 바꿔야 할까? 이를 분석하기 위해 우선 무엇이 필요하며, 무엇이 가능한지를 살펴보아야 한다. 그리고 우선순위를 정하는 것도 중요하다. 한중일 3국이 공통의 동북아 문명을 구축하기 위해서는 먼저 경제 공동체를 구축하는 것이 필요하다. 그리고 이것은 현실적으로도 가능성이 높다. 동북아시아 국가들이 역내에서 상품을 자유롭게 이동하여 경제 영역을 확대하면 비용을 줄이고 서로 이익을 얻을 수 있다. 물론 3국은 경제발전의 정도가 다르고 경제 구조도 차이가 있기 때문에 특정한 산업 분야에서 각국의 특수성을 인정할 수는 있다. 그렇다고 해도 궁극적으로 경제 공동체로 나아가서 자유무역 체제를 확립하는 것은 피할 수 없는 현상이다. 경제 공동체가 이루어지면 정치 공동체로 나아가는 길이 한결 쉬워진다. 물론 정치 공동체는 다소 느슨한 형태인 국가연합으로 가는 데도 걸림돌이 많다. 그래도 한중일 3국이 정치적으로 연합하여 협력하는 것은 대안적인 세계 문명을 형성하는 데 매우 중요하다. 우선은 지역안보협력을 위한 레짐(regime) 같은 것부터 시작할 수 있다.

그런데 아무리 한중일 3국과 기타 국가들이 경제 공동체, 특히 정치 공동체를 구축하려고 해도 평화 공동체가 선결되지 않고서는 불가능하다. 따라서 동북아 문명의 구축은 평화 공동체의 형성이 가장 우선되어야 한다. 더구나 동북아 문명이 서구 근대 문명을 대체할 새로운 문명이 되기 위해서는 더욱 그러하다. 사실 서구 근대 문명은 무기 개발, 영토 확장, 군사 충돌, 나아가 전쟁의 산업화와 폭력의 일상화와 같은 요소를 내포하고 있다. 따라서 서구 근대 문명에는 항상 전쟁과 폭력이 따라다녔다. 서구 근대 문명 중 하나인 공산주의의 실패 또한, 폭력에 대한 카를 마르크스(Karl Marx)와 프리드리히 엥겔스(Friedrich Engels)의 지적 무관심과 니콜라이 레닌(Nikolai Lenin)과 이오시프 스탈린(Iosif Stalin)의 적극적 옹호 때문이라고 할 수 있다. 새로운 세계 문명으로서 동북아 문명이 이러한 전철을 밟는다면, 그것은 서구 근대 문명을 극복하는 새로운 문명으로서의 지위를 가질 수 없다. 문명이란 모름지기 인류가 원시적 자연 위에 세련된 삶의 양식을 건설하는 것이다. 따라서 폭력을 멀리하고 평화를 가까이 해야 한다. 평화 속에서만 인간의 자유와 창의를 확대하고 인류가 지향하는 보편적인 사회제도를 구축할 수 있기 때문이다.

문제는 동북아 문명을 주도할 한중일 3국이 현재 평화 공동체를 형성하기 매우 어려운 환경에 처해 있다는 사실이다. 우선 3국은 과거 대결과 전쟁의 역사를 정리하지 못하고 있다. 일본은 근대에 들어와 정복의 야욕을 품고 한국을 식민지로 만들었고, 중국과 아시아 각국을 침략했다. 이러한 침략은 서구 제국주의를 동양에 이식한 것으로 피해국에게 엄청난 고통과 굴욕감을 안겨주었다. 그러나 나치에 대한 독일의 반성과 미래 세대의 철저한 역사교육과는 달리, 일본은 이에 대해 제대로 정리하지 못했다. 일본 정부가 공식적으로 여러 차례 사과하기는 했지만 수사(修辭)적 차원에 머물렀고, 이와 관련된 사람들에 대한 보상도 제대로 이루어지지 않았다. 특히 과거의 잘못을 반복하지 않기 위한 역사교육이 제대로 이루어지지 않고 있으며, 오히려 왜곡되고 있다. 청소년 세대들에게 역사를 왜곡하여 가르치는 것은 미래 평화를 위협하는 무서운 일이다. 오늘날 한중일 간에 인터넷 세대에게조차 나쁜 감정이 많은 것도 역사 왜곡과 무관하지 않다. 심지어 일본 시민사회에도 군국주의적 요소가 남아 있어서 과거 청산이 매우 어려워 보인다. 정도의 차이는 있지만 중국도 마찬가지다. 중국도 과거 역사를 자국의 입맛에 맞추어 왜곡하고 있다.

한중일 3국은 과거 역사에 대한 반성과 올바른 교육이 제대로 이루어지지 않고 있을 뿐만 아니라, 지금도 영토 문제로 심각한 갈등을 겪고 있다. 댜오위다오/센카쿠열도를 둘러싼 일본과 중국의 갈등, 독도를 둘러싼 한국과 일본의 갈등, 이어도를 둘러싼 한국과 중국의 갈등 등을 예로 들 수 있다. 영토 문제는 17세기 국민국가 체제가 들어선 이후 항상 국가 간 갈등의 초점이었다. 그러나 영토를 둘러싼 대결은 제2

차 세계대전 이후 점차 완화되었다. 그런데도 동북아시아에서는 한자문화권, 젓가락문화권이라고 하는 문화적 유사성이 무색할 정도로 영토를 둘러싼 대결이 심각하다. 이것은 한중일 3국이 아직도 국민국가 체제의 테두리에서 벗어나지 못하고 있음을 반증해준다. 3국이 영토분쟁을 벌이고 있는 것이 모두 섬이라는 사실에서 그것은 바다의 영토를 확장하는 것과 관련되어 있다. 바다의 영토를 확장하는 것은 오늘날 자원을 개발하는 데 중요한 의미를 지닌다. 그러나 과거에도 그랬지만, 영토를 둘러싼 갈등을 무력으로 해결하는 것은 국가 간에 전쟁을 초래할 뿐만 아니라, 각국의 국민 정서에도 지울 수 없는 증오심을 유발한다. 이것은 지역 평화를 파괴하는 심각한 상황으로 이어진다.

한중일 3국은 여전히 서구 근대 문명의 틀 안에 있다. 정도는 다르지만, 3국 모두 근대 초기에 서구 제국주의의 힘에 눌려 굴욕을 당했다. 따라서 근대화 지상주의에 매몰되어 철저하게 계몽주의적 수단을 통해 산업화를 꾀하고, 국가의 힘을 길러왔다. 그리고 국가가 주도적으로 근대화를 추진하면서 강한 권력을 가지고 폭력을 행사하고 그 폭력을 방치한 역사가 있다. 이것은 한 국가 내에서 자유·평등·인권 등 민주주의적 가치를 수용하는 데 장애가 될 뿐만 아니라, 국가 간에 평화를 구축하는 것도 어렵게 만든다. 또한 3국은 근대 국민국가가 지향한 민족주의의 특성을 강하게 띠고 있다. 사실 유럽에서는 태어난 국가, 대학을 다니는 국가, 취직을 하는 국가, 결혼 후 정착하는 국가가 모두 다를 수 있다. 그래서 국가 간에 교류가 활발하고 상호 이해도 높다. 그러나 한중일 3국은 아직 교육·취직·결혼 등에서 자유롭게 교류하지 못하고 있다. 실제로 3국은 세계에서 배타적 민족주의가 가장 강하다고 할 수 있

<표 10-2> 2008년 한중일 3국의 상대국에 대한 부정적 인식

구분	관련 국민	상대국	비율
한중관계	한국인	중국	59.8%
	중국인	한국	16.4%
한일관계	한국인	일본	76.8%
	일본인	한국	50.4%
중일관계	중국인	일본	37.4%
	일본인	중국	75.8%

다. <표 10-2>에서 보는 바와 같이 2008년 동북아역사재단이 한중일 3국을 대상으로 조사한 바에 의하면, 상대국에 대한 부정적 인식도가 매우 높다. 특히 약소국으로 침략을 받은 한국이 중국과 일본에 대한 부정적 인식도가 높다.

이 외에도 한중일 3국은 정치·경제 구조가 이질적이고, 경제발전 단계에서도 차이가 있다. 한국과 일본은 자유민주주의체제를 운영하고 있으나, 중국은 사회주의 체제를 유지하고 있다. 공산당 일당 체제이기 때문에 민주주의의 기본 원칙인 인민주권이 실현되지 못하고 있다. 군부 권위주의 체제가 경제 성장에 유리하게 작용한 것처럼, 비자유주의 체제는 일시적으로 경제적 성공을 담보할 수 있다. 그러나 그것은 인간의 이성에 비추어볼 때 보편적인 체제라고 할 수 없다. 이런 점에서 3국은 정치적 합의에 이르거나 민간 교류를 자유롭게 전개하는 데 어려움을 겪는다. 중국 스스로 엄청난 정치적 과제를 안고 있는 것은 말할 것도 없다. 경제적으로 3국은 유럽연합과는 달리 각기 경제발전의 정도가 다르다. 그리고 경제에 대한 국가의 개입에서도 차이가 있다. 중국은 자본주의 경제 체제를 도입했다고는 하지만, 아직 경제에 대한 국가의 개입과 권한이 매우 강하다. 정도의 차이는 있어도 한국 또한 자유경제 체제를 외치면서도 경제에 대한 국가의 개입이나 정경유착이 강한 편이다.

이렇게 본다면 한중일 3국이 경제 공동체와 정치 공동체로 나아가기 전에 평화 공동체를 건설하는 것이 매우 어려워 보인다. 이러한 상황에서 평화 공동체를 구축하는 것은 국가 간의 외교로는 한계가 있다. 국가는 자국 이익 우선의 원칙에 따라 외교를 전개하기 때문에 국가 간에 합의를 보기 매우 어렵다. 경제도 최소한 서로에게 이익이 있어야 교류와 협력이 일어난다. 이에 반해 시민사회는 상호 호혜를 중시하고 사회정의와 보편적 가치를 추구하는 관행이 있다. 실제로 국가 간에 갈등을 겪고 있을 때에도 시민사회에서는 활발하게 교류가 일어나고 합의가 이루어지기도 한다. 가장 대표적인 것이 일본군위안부 문제이다. 이 문제는 한일 간의 외교 마찰이 일어날 수 있는 문제다. 일본이 과거 일본군위안부를 인정하지 않는 상태에서 한국 정부가 일본 정부의 책임을 주장하면 양국 간의 관계는 불편해진다. 그런데 시민사회에서는 다르다. 실제로 일본 시민사회에는 일본군위안부 문제를 사회정의나 인권과 같은 가치의 기준으로 일본 정부를 비판하는 NGO가 많다. 따라서 한국 시민사회가 일본군위안부 문제로 시민운동을 전개할 때, 한일 시민사회 간의 연대가 이루어지고 국제적인 회의를 공동으로 진행하기도 한다. 중국과의 관계도 마찬가지다. 아직 중국 시민사회가 제대로 태동했다고 하기는 어렵지만, 한중 시민사회 간에 평화 구축을 위한 다양한 교류와 협력이 가능하다.

한중일 3국은 미국 문명을 대체할 새로운 동북아 문명을 구축하기 위해 우선 평화 공동체를 구축해야 함을 강조했다. 이를 위해서는 국가와 경제 영역 외에 시민사회 영역에서 상호 교류와 연대를 강화해야 함도 지적했다. 그런데 한중일 3국의 시민사회 교류와 연대는 한국 시민사회가 주도적으로 추진해야 한다. 한국 시민사회는 중국에 비해, 심지어 일본에 비해서도 평화 공동체에 대한 담론과 연구를 활발하게 진행하고 있다. 따라서 동북아 지역의 초국적 시민사회 형성에 매개자 역할(mediating role)을 할 수 있다. 지역적으로도 한국 시민사회는 중국과 일본 중간에 위치하고 있어서 각종 국제회의를 실행하고 공동 기구를 설치하는 데도 좋다. 한국 정부가 동북아 문명을 개척하기 위해 평화 공동체를 형성하려고 한다면, 한국 시민사회의 이러한 특성을 이해하고 제도적으로 지원하고 서로 긴밀하게 협력해야 한다.

3. 허브 국가의 구축

세계 경제 중심축이 대서양에서 태평양으로, 미국에서 동북아로 이동하면서 동북아시아 국가들이 서서히 세계 문명의 중심으로 떠오르고 있다. 중국은 고대 황허 문명의 발원지이고, 당나라 때의 과학과 문화는 세계 최고 수준을 자랑하기도 했지만, 초기 세계화가 진행되기 시작한 16세기 이후 세계 문명의 중심이 동양으로 이동한 것은 처음이다. 그만큼 이 지역 국가들의 위상이 높아졌고, 지역민들의 자긍심도 고양되었다. 일본은 일찍이 민주주의를 확립하고 근대화를 추진하여 서구 중심의 선진국 대열에서도 당당하게 앞줄에 위치했다. 중국은 뒤늦게

<표 10-3> 2011년 한중일 3국의 역량

구분	관련 국가	규모	한국의 정도
국토 면적	중국	960km^2	중국의 1%, 일본의 26%
	일본	38만 km^2	
	한국	10km^2	
인구수	중국	13억 4,300만 명	중국의 4%, 일본의 39%
	일본	1억 2,700만 명	
	한국	4,900만 명	
경제력(GDP)	중국	6조 9,880억 달러	중국의 17%, 일본의 20%
	일본	5조 8,550억 달러	
	한국	1조 1,630억 달러	
정치적 위상	중국	유엔 안보리 상임 이사국	
	일본	유엔 안보리 준상임 이사국	
	한국	유엔 안보리 비상임 이사국 (1996~1997년, 2013~2014년)	

근대화를 추진했지만, 막대한 인구와 기술 인력으로 현대에 와서 세계 강대국의 반열에 들어섰다. 따라서 두 나라는 새로운 동북아 문명의 중심 국가가 되려는 의지가 강하다. 여기서 한국이 할 수 있는 것은 무엇일까? 한국은 이들 국가에 비해 약소국이다. 당장 지역 평화가 깨지면 과거처럼 국가의 안위를 걱정해야 할 형편이다. <표 10-3>에서 보는 바와 같이, 한국은 국토 면적, 인구수, 경제력, 정치적 위상 등에서 중국 및 일본과 차이가 상당하다. 이러한 상황에서 한국이 취할 수 있는 전략은 동북아 문명의 허브 국가(hub state)가 되는 것이다.

허브 국가란 국가 간에 유통되는 사람·지식·정보·상품·서비스 등이 모여들고, 이것을 서로 연결하는 국가를 말한다. 한국이 허브 국가가 되면 각국의 사람과 돈과 지식이 한국에 모여들고, 한국을 거쳐 다른 나라로 퍼져 나간다. 앞서 살펴본 것처럼 한국은 중국과 일본에 비해 크기는 작지만, 허브 국가로서의 지리적·역사적·경제적 조건을 갖추고 있다. 지리적으로 한국은 유라시아 대륙과 태평양을 잇는 반도에 위치해 있기 때문에 대륙과 해양을 연결하는 교량 역할을 할 수 있다. 그리고 역사적으로 대륙 세력 중국과 해양 세력 일본의 대결 속에서 완충지대(buffer zone) 또는 균형자(balancer) 역할을 해왔다. 또한 경제적으로는 동북아시아, 동아시아, 나아가 세계 물류의 중간 기착지로서의 역할을 할 수 있다. 한국은 전국적으로 교통 인프라가 촘촘히 연결되어 있고, 정보 인프라도 매우 뛰어나다. 삼면의 바다에 좋은 항구가 많이 있는가 하면, 국제항공의 중간 기착지로서의 위치도 좋다. 서울 상암동을 비롯하여 인천 영종도와 송도, 그리고 경기도 김포와 고양 등은 세계 지식기반산업의 중심, 항공물류 거점, 국제 레저 단지로 개발하기 위해 준비하고 있다.

그러나 한국이 동북아 문명의 허브 국가로서 새로운 문명의 중심이 되는 것은 단지 희망이나 선언으로 되지 않는다. 허브 국가의 역할을 하겠다고 선언해도 다른 나라가 인정해주지 않는다. 중국과 일본이 인정해주지 않을 뿐만 아니라, 미국과 유럽도 한국을 비중 있게 다루지 않는다. 예를 들어 일본은 동북아시아에서 중국과의 경쟁에 초점을 둘 뿐만 아니라, 미국·호주·인도 간의 환대평양 정치·경제 회의를 구상하면서도 한국을 제외하고는 한다. 허브 국가가 되기 위해서는 거기에 맞는 제도를 확립하고 매개자로서의 능력을 갖추어야 한다. 우선 한국은 지역 정치의 균형자 역할을 하기 위해 민주주의의 질적 발전을 성취해야 한다. 민주주의의 발전에 방해가 되는 부패는 당연히 척결해야 한다. 북한과의 긴장을 줄이고 한반도 평화를 정착하는 것도 중요하다.

외부인에 대한 국민들의 배타적 감정을 완화하여 개방적이고 우호적인 것으로 바꾸는 것도 간과할 수 없는 요소이다. 경제적으로는 참여자들이 거래 비용을 줄이고 투자수익을 확보할 수 있도록 각종 제도와 인프라를 구축해야 한다. 무엇보다도 투명하고 공정한 시장경제가 작동할 수 있도록 경제 건전성을 높여야 한다.

허브 국가를 위한 준비는 국가와 시장의 차원에서 끝나지 않는다. 한국이 동북아 문명의 허브 국가가 되기 위해서는 〈표 10-4〉에서 보는 바와 같이 시민사회적 차원에서도 각종 제도를 갖추고 적극적인 역할을 수행해야 한다(국가와 시장의 문제점을 해결하는 데도 시민사회의 역할이 중요하다). 인간은 문화적 정체성이 매우 강한 존재이다. 단지 정치적 이해를 같이하고 경제적 이익이 남는다고 해서 다른 문화와 교류하고 그 문화 속에서 적응하고 살 수 있는 존재가 아니다. 그러므로 한국이 허브 국가가 되기 위해서는 시민사회에서 동북아 문명의 확립에 필요한 문화적 인프라를 갖추고 상호 교류와 연대의 장을 만들어야 한다. 이를 위해서 우선 시민사회는 풍부한 재정과 인력을 확보하여 시민사회의 각종 활동과 연구를 활발하게 진행할 수 있어야 한다. 인력 확보를 위해 은퇴한 시니어(senior)를 시민사회에 참여하게 하는 국가적 전략이 필요하다. 그리고 아시아 시민사회의 각 영역 간에 네트워크를 구축하고 공동 목표를 향해 함께 활동할 수 있는 기금과 기구를 설치하는 것도 필요하다. 특히 국가 영역과 시장 영역에서 일어날 수 있는 대결과 갈등을 완화하기 위해 시민사회 내에 초국적으로 갈등을 조정하는 시스템을 구축하거나, 국제적으로 서로 협력할 수 있는 규범과 레짐을 만드는 것도 중요하다.

<표 10-4> 다차원적 동북아 허브 국가 구상

구분	내용	장점	문제점
국가	완충지대 및 균형자 역할 강화, 공동 기구 유치	중일 사이의 조정 및 중일 사이에서 균형자 역할	분단 위험, 정부 부패, 배타적 국민감정
시장	금융, 물류, 정보기술, 디자인, 서비스업, R&D 강화 및 지역 본부 유치	교통·정보 인프라, 국제항공 중심, 지리적 중간 위치	외부 투자 및 경제건전성 저조
시민사회	네트워크 구축, 시민사회 기금 설치, 공동 기구 유치, 갈등 조정 시스템 구축	시민사회의 역동성, 연구와 활동의 활성화, 매개자적 위치	활동가·연구자 부족, 재정 빈곤, 국제화 부족

과거 중국과 일본도 중심 국가가 되려는 이상을 실현하려고 한 적이 있었다. 중국의 중화주의(中華主義)는 중국이 세계의 중심이라는 선민 사상에 근거하여 이민족을 교화하고 지역 질서를 유지하는 것을 지향했다. 중국의 선진문화를 주변국에 전달해주는 대가로 그것에 상응하는 복종과 조공을 강요했다. 일본의 대동아공영권(大東亞共榮圈)은 일본이 중심이 되어 서양의 침략에 맞서 아시아의 평화와 번영을 유지하는 것을 추구했다. 그러나 이것은 무력으로 각국을 침략하여 일본의 식민지로 만들어 통솔하는 또 다른 제국주의적 발상에 지나지 않았다. 이처럼 중국과 일본이 지향한 중심 국가 혹은 광역국가는 국가가 중심적인 행위자였다. 따라서 그것을 추구하는 방식은 당연히 국가의 힘에 의존했다. 국가의 힘이 기본적으로 폭력에서 나온다는 것은 두말할 필요도 없다. 그러나 한국이 지향하는 허브 국가는 무력으로 주변국을 제압하고 복종으로 평화와 번영을 추구하는 방식이 아니다. 그것은 현실적으로 가능하지도 않지만, 윤리적으로 바람직하지도 않다. 앞서 말했듯이 한국의 동북아 허브 국가 구상은 국가와 시장도 자기 역할을 해야 하지만, 시민사회도 중요한 역할을 수행하는 다차원적 형태이다.

한국이 동북아 문명의 허브 국가가 되는 구상은 각국이 동등한 입장에서 서로 교류하고 국가의 경계를 넘어 서로 협력하는 방식이다. 이를 통해 각국이 상호 호혜를 추구하고 지역의 평화와 번영을 확보한다. 그리고 대화와 합의를 통해 공통의 가치를 개발하고 이를 세계에 전달한다. 따라서 한국이 지향하는 허브 국가는 반드시 시민사회의 자발적 활동과 시민사회와의 거버넌스가 활성화되어야 한다. 한국이 동북아 문명의 중심적인 위치에서 중추적인 역할을 수행하기 위해서는 한반도라는 국가적 틀에서 벗어나 동북아시아로, 아시아로, 나아가 세계로 시야를 넓혀야 한다. 그리고 그것에 따른 민주주의와 국제화의 제도 및 인프라를 확충해가야 한다. 그러나 그것만큼이나 중요한 것은 국가적 관점에서 새로운 문명을 구축하려는 시각에서 벗어나 시민사회의 가치와 역량을 활용하는 관점을 수립하는 것이다. 따라서 시민사회가 허브 국가의 구축에 필요한 다양한 역할을 할 수 있도록 유도하고 지원해야 한다.

대안사회의 모색

1. 근대성의 성찰

18세기 유럽에서 본격적으로 시작된 근대는 인류에게 새로운 사상과 제도를 선물했다. 근대는 전통적인 사상 및 생활방식과 단절하고 거기에 새로운 관념과 구조를 채워넣는 거대한 사회 변화를 동반했다. 인류 역사에서 이처럼 이성에 대한 믿음과 합리성 증진을 통해 열린 미래 지평을 꿈꾼 적이 없었다. 인류는 근대에 와서야 갖가지 구속과 결핍에서 해방될 수 있다는 희망을 가졌다. 그만큼 근대는 새로운 질서와 풍요로운 삶에 대한 희망을 부여했다. 오늘날 우리도 여전히 근대 문명의 연장선에서 살고 있다. 사실 우리가 누리는 물질적 풍요와 합리적인 정치제도는 모두 근대성에 빚지고 있다. 현대사회의 민주주의·자본주의·자유주의·개인주의·법치주의·산업주의·시민사회 등 각종 사회제도나 이념은 기본적으로 근대성에 기초하고 있기 때문이다.

그러나 근대는 야누스(Janus)의 두 얼굴처럼 기회와 위기, 해방과 속

〈표 11-1〉 근대성의 문제

구분	내용
도구적 이성	인간의 능력과 삶을 성장을 위한 수단으로 사용
기술문명	과학 기술의 발달을 통해 인간 해방과 사회 발전을 지향
관료화	거대 조직을 만들어 조직을 분업화하고 위계적으로 배열
전체주의	개인을 거대 이데올로기와 전체 이익에 종속
성장지상주의	경제 성장을 국가 운영의 최상의 가치로 설정
환경파괴	경제 성장을 위해 환경을 마구잡이로 이용
군사문화	많은 돈을 들여 무기를 개발하고 무기를 쉽게 사용
강자 지배	자본가, 남성, 중앙 거주자, 서구인 등이 타자를 지배

박, 성장과 파괴의 양면적 성격을 지니고 있다. 실제로 근대 문명은 이성이 폭력을 낳고, 진보가 불평등을 생산했으며, 개인주의가 이기주의로 전화되는 문제를 안고 있다. 지금 인류가 일상에서 겪고 있는 인간성 상실, 경제적 양극화, 환경위기, 전쟁 위협 등은 모두 근대 문명이 드리운 그늘이다. 근대 문명은 〈표 11-1〉에 나타난 것처럼 도구적 이성, 기술문명, 관료화, 전체주의, 성장지상주의, 환경파괴, 군사문화, 강자 지배 등을 지향했다. 예를 들어 근대 문명은 기술 발전에 집착하면서 도덕과 윤리를 부차적인 것으로 생각했다. 세계를 과학적으로 분석하고 계획된 설계에 따라 건설하면서 인간의 감정에 대해서는 무관심했다. 표준화와 보편성을 지향하면서 차이와 다원성에 대해서는 인색했다. 또한 물질적 부의 축적을 위해 삶을 하나의 상품으로 취급하는 것을 당연하게 생각했다. 자연을 인간의 목적에 종속되게 하고 마구잡이로 이용하는 것을 대수롭지 않게 여겼다. 나아가 각종 파괴적인 무기를 개발하고 자기 이익을 위해 그것을 쉽게 사용했다.

우리는 근대의 끄트머리에서 살고 있다. 근대성과 후근대성에 대해

심오한 논쟁을 거친 유럽 사람만이 근대를 성찰하거나 후근대적 삶을 사는 것이 아니다. 한국은 아직 근대를 향해 나아가고 있지만, 복합 국가의 특성을 지니고 있기 때문에 후근대적 요소가 생활 곳곳에 들어와 있다. 예를 들어 우리 삶에도 근대가 규정하고 지향한 거대 서사, 이데올로기, 혁명 등이 점점 사라져가고 있다. 과학 기술의 발달을 통해 물질적 부를 축적하고 소비를 늘려 삶의 풍요를 성취하겠다는 목표는 이제 사람들에게서 서서히 설득력을 잃어가고 있다. 사실 현대사회의 거대한 변화는 탈물질적 가치에 대한 욕구와 밀접한 관련이 있다. 특정한 계급이든 특정한 가치든 일상의 삶과 동떨어진 이데올로기는 현대사회에서 사람들을 유인하기가 어려워졌다. 현대사회는 그야말로 탈이데올로기의 시대이다. 유미주의에 심취하여 완전한 세상을 꿈꾸고 그것을 성취하기 위해 폭력의 사용을 용인한 혁명은 오늘날 대중을 전위로 세울 수 없어졌다. 1980년대까지만 해도 서구 지식인뿐만 아니라 한국 지식인에게도 용인된 진보적 폭력은 이제 수용되기 어렵다. 현대인이 원하는 것은 거대한 물질적 부를 획득하여 소비를 늘리거나 열정적으로 특정 정치 이데올로기를 성취하는 것이 아니다. 오히려 지금 여기에 있는 일상생활에서 풍부한 감정을 투입하고 자신의 고유한 스토리(story)를 가진 아름다운 삶을 누리는 것이 현대인이 바라는 것이다.

300년 동안 우리의 삶을 지배하며 지속되어온 근대가 저물어가고 새로운 시대가 등장하고 있다. 지난 시대에 사람들은 과학 기술의 발달과 경제 성장을 통해 부를 축적하고 소비를 늘려 물질적 풍요를 달성하는 데 집착했다. 국민국가의 테두리 속에서 자신의 안전을 보존하고 그 속에서 문화적 정체성을 유지했다. 폭력과 자본의 광대한 힘을 타국이나 타자를 지배하는 데 사용하고 약자의 복종을 강요했다. 그러나 새로 등장하는 시대에 사람들이 진정으로 원하는 것은 그러한 권력과 자본이 아니다. 오히려 사람들은 뜻있는 사람들과 서로 교류하면서 사랑과 우정을 나누고 싶어 한다. 공통 주제로 진지하게 대화하고 상호 호혜를 추구한다. 사회적 약자에 관심을 가지고 일정한 책임을 지려고 한다. 상호 연결된 생명 그물망 속에서 기꺼이 자연과 공생하는 삶을 지향한다. 공통 목표를 달성하기 위해 국경을 넘어 타국의 시민과 연대한다. 그리고 정신적 존재로서 진리를 추구하고 영성을 발현하려고 한다. 그야말로 사람들은 오랫동안 삶을 지배하고 규정해온 근대성을 성찰하고 의미 있는 삶을 살기 위해 몸부림치고 있다.

근대성을 성찰하고 삶을 새롭게 구성하는 것은 모든 사람의 관심 사항이다. 그런데 근대성에 대한 성찰을 통해 대안문명을 모색하려면 필연적으로 시민사회를 통과해야 한다. 시민사회는 바로 인간이 자신의 존재 양식을 되짚어보고 새로운 생활을 탐색하는 수원지이기 때문이다. 오늘날 시민사회에서는 인간의 삶을 풍요롭게 하는 다양한 형태의 교류·담론·교육·체험 등이 활발하게 벌어지고 있다. 시민사회에는 개인이 자율적으로 참여할 수 있는 공론장이 형성된다. 각종 시민권을 요구하는 운동이 벌어진다. 공동체를 형성하고 상부상조의 생활을 살아간다. 새로운 윤리를 주창하고 확산한다. 소수자의 해방 공간을 만들어간다. 창의적이고 다양한 예술활동이 벌어진다. 대안적인 경제 체제를 실험한다. 영성을 발현하기 위한 학습과 실천이 이루어진다. 시민사회는 그야말로 근대 이성으로 도구화된 삶을 성찰하고 일상생활을 새롭게 구성하려는 의지와 열정이 넘쳐나는 곳이다. 정부가 진정으로 국민의 삶을 풍요롭고 의미 있게 하려면, 시민사회와 함께 전진하는 것을 잊어서는 안 된다. 사실 시민사회는 모든 사람이 태어나서 대부분의 시간을 보내다가 마지막으로 죽음을 맞이하는 곳이기도 하다.

2. 새로운 생활과 제도

인류는 탄생과 죽음의 경계 내에서 짧은 시간 동안 지구 위에서 살아간다. 인간인 이상 육체를 보존하고 생계를 이어가는 것은 피할 수 없다. 그래서 아침에 일어나 식사를 하고, 직장에 나가고, 퇴근하여 잠자리에 드는 정형화된 생활을 반복한다. 대부분의 사람은 자연스럽게 타자에 대한 관심이나 공동체의 이익보다 자기 자신과 가족의 이익을 우선시한다. 자연을 경제 성장을 위한 도구로 생각하고 발전을 위해 적극적으로 이용한다. 문화생활이나 예술활동은 경제활동의 부차적인 것으로 생각한다. 그야말로 사람들은 물질적 부를 축적하여 소비를 늘리고 이를 통해 생활의 편리를 도모하려고 한다. 그러나 인간은 고도의 정신적 깊이를 가진 존재이기 때문에 인간이 살아가는 삶은 단순한 삽화의 연속이 아니다. 정신적 존재로서의 인간은 자신의 신분이나 능력에 관계없이 창조적인 생활 속에서 자신의 잠재력을 계발하고 생명 본래의 존엄을 실현하려는 욕구가 있다. 예를 들어 자신의 안위에 신경을 곤두세우면서도 사회적 약자에게 도덕적 의무를 행한다. 성장을 지향하면서도 자연의 파괴에 대해서는 민감하게 반응하는 감수성을 지닌다. 사회적 약자에 대한 관심과 자연에 대한 공존의식이 좋은 삶(good life)에 중요하다는 것을 아는 존재가 바로 인간이다.

우리는 지난 수백 년 동안 이어져온 국민국가와 자본주의체제하에서 살아가고 있다. 국가는 거기에 속한 개인의 문화적 정체성의 근간을 이루고, 생활의 안전을 위한 중요한 기구이다. 자본주의 시장경제는 생산과 소비를 저렴하고 쉽게 하여 일상의 편리를 보장하는 제도이다. 그러나 인간에게 정치적 자유와 물질적 풍요를 가져다준 근대 문명은 그에 따른 대가를 요구하고 있다. 그래서 많은 사람은 근대 문명하에서 자유와 풍요를 보장받고 있지만, 사실 대부분은 방황하고 허탈해한다. 심지어 반복되는 일상의 권태와 허무 속에서 정신적 아노미까지 겪고 있다. 따라서 근대성에 대한 성찰이 일어나면서 〈표 11-2〉에서 보는 바와 같이, 새로운 형태의 생활과 제도를 실험하는 다양한 운동이 일어나고 있다. 예를 들어 사람들은 정치적으로 국민국가 체제를 우회하여 소공동체를 만들어 살아가거나, 국민국가 경계를 넘어 노마드(nomad) 형태의 생활을 한다. 그리고 경제적으로 자본주의체제를 넘어 협동조합을 만들어 운영함으로써 이익을 공유하거나 자기 통제 원리를 실현한다. 공정무역을 통해 개발도상국 국민들의 노동에 정당한 대가를 지불하고 상품을 거래한다. 지역화폐를 만들어 노동 등가성 원칙에 따라 서로 노동을 교환한다. 로컬푸드(local food)운동을 통해 지역 농산물을 지역 자체에서 소비함으로써 지구온난화 방지에 기여하고 신선한 식재료를 공급받는다. 이 외에도 각종 종교활동이나 명상과 요가를 일상에서 실천함으로써 정신적인 가치를 발현한다.

이러한 탈근대적 대안사회 실험은 인간의 삶에 새로운 활기를 불어넣고 있다. 당연하다고 여긴 국민국가의 틀에 얽매이지 않고 소공동체

〈표 11-2〉 대안사회의 생활 및 제도

차원	생활방식·제도	내용
정치적	소공동체	자연 속에서 집단을 이루어 소유를 없애고 자체 규범에 따라 살아간다.
	노마드	일정한 거주지 없이 국가의 경계를 넘나들며 살아간다.
경제적	협동조합	상호 출자를 통해 이익을 공유하거나 자기 통제 원리에 따라 운영한다.
	공정무역	개발도상국 국민의 노동에 정당한 대가를 지불하고 상품을 거래한다.
	지역화폐	지역에서 별도로 화폐를 만들어 노동 등가성의 원칙에 따라 노동을 제공하고 화폐를 교환한다.
	로컬푸드	지역 농산물을 지역에서 소비하여 이동거리를 줄이고 식재료의 신선도를 유지한다.
영성적	종교활동	궁극적 실재에 대한 믿음을 통해 생명의 신성한 힘을 발현한다.
	명상·요가	정신을 집중하거나 호흡·자세를 가다듬어, 순수한 내면 의식에 몰입하거나 몸과 마음을 대우주와 합치한다.

를 이루면서 살아가는 것은 국가의 강제와 폭력을 극복할 수 있는 계기가 된다. 탈국가적 노마드의 삶은 국민국가의 틀을 넘어 새로운 형태의 자아와 문화적 정체성을 발견하는 기회가 된다. 각종 경제적 대안운동은 사회적 경제를 형성함으로써 자본주의체제를 극복하는 데 기여하고, 상호 교류와 협력을 통해 공동체적 삶을 지향하도록 만든다. 종교활동이나 명상·요가와 같은 영성적 활동은 근대적 유물론에 저항하여 인간의 정신적 가치를 탐색하고, 이를 통해 영성의 힘을 발현하는 계기가 된다. 인간은 제도적 일관성과 삶의 안정도 필요하지만, 새로운 삶에 대한 실험을 통해 질적으로 풍요로운 삶을 지향한다. 이러한 상상력과 실험정신이 있을 때 인간의 삶은 정형화된 패턴을 벗어나 진정한 질적 풍요를 이룰 수 있다. 제러미 리프킨(Jeremy Rifkin)이 말한 유럽의 꿈(European Dream)도 이러한 대안사회적 생활방식을 통해 삶의 질적 다원성을 성취하는 것과 상통한다.

대안사회를 위한 실험이 주로 시민사회에서 일어나고 있다는 것은 재언을 요하지 않는다. 사실 근대 문명을 넘는 새로운 생활과 제도를 실험하는 것은 시민사회의 중요한 활동 영역 중 하나이다. 오늘날 선진국에서는 이러한 대안사회운동(alternative society movement)이 국가 권력과 자본을 견제하는 주창활동과 복지사회를 구축하기 위한 서비스 생산(service production)보다도 더욱 활발하게 일어나고 있다. 물론 한국의 이러한 대안사회운동은 아직 태동 단계이지만, 선진국의 시민운동 발달 궤적을 따라가고 있다. 그래서 한국의 시민운동은 1987년 6월 항쟁 이후의 주창활동에서 2000년대 이후의 서비스 생산으로 초점이 이동했고, 2010년대에 와서는 다양한 대안사회운동이 활발해지고 있다. 정치적·경제적·영성적 차원에서 체험하는 대안적 생활방식은 이제 한국에서 생소하지 않다. 심지어 이러한 대안사회운동에 대해 대학에서도 활발한 연구가 이루어지고, 직장에서도 다양한 형태의 동호회가 결성되어 서로 정보를 교환하고 있다.

근대 문명은 획일적인 정치제도와 경쟁적인 경제제도하에서 정치적 안정과 경제 성장을 중시했다. 그러나 그것이 인간에게 반드시 유익하지만은 않다. 더구나 근대 문명은 인간의 정신적 요소를 배제하고 유물론적 가치에 집착함으로써 인간을 우연적이고 물질적인 존재로 타락하게 했다. 그 속에서 인간은 스스로 자존감을 가질 수 없었고, 자신의 생명 속에 본래 존재하는 엄청난 정신적 힘을 깨닫지 못했다. 따라서 근대 문명에 대한 성찰을 통해 새로운 생활과 제도를 실험하는 대안사회운동은 인간 실존에 매우 중요하다. 오늘날 많은 사람이 정형화된 삶의 방식에서 벗어나 새로운 생활을 체험하는 물결에 동참하는 것도 실존의 근본을 깨닫기 위함이다. 그렇다면 국가는 이러한 대안사회운동이 일어나는 시민사회에 더 많은 자율과 참여와 연대가 이루어지도록 유도해야 한다. 대안사회운동에 대한 국가의 관심과 협력은 국민에게 물질적 풍요를 넘는 정신적 가치를 발현하도록 유도함으로써 삶을 질을 높일 수 있을 것이다.

3. 주체와 환경의 통합

인류는 오래전부터 유토피아를 꿈꾸며 살아왔다. 인류 역사를 살펴보면 풍요롭고 아름다운 이상향에 대한 이야기가 매우 많이 전해온다. 기독교에서 말하는 에덴(동산)과 천년왕국, 유가(儒家)와 도가(道家)에서 규정한 대동사회를 비롯하여 플라톤의 국가론, 토머스 모어(Thomas More)의 아마우로툼(Amaurotum), 프랜시스 베이컨(Francis Bacon)의 뉴아틀란티스(The New Atlantis), 톰마소 캄파넬라(Tommaso Campanella)의 태양의 도시(The City of the Sun) 등을 예로 들 수 있다. 인간이 힘든 현재에 뿌리를 두고 살면서도 낙원 같은 미래를 꿈꾸며 살아가는 것은 매우 좋은 현상이다. 현실 사회의 억압·착취·불평등·소외 등 각종 문제를 극복할 새로운 사회상을 선취하는 것은 인간에게 희망을 부여하고 삶의 의미를 가져다주기 때문이다. 그러나 유토피아는 그야말로 유토피아일 뿐이다. 현실의 어디를 둘러봐도 좋은 삶과 아름다운 관계를 가진 그런 사회는 존재하지 않는다.

국가와 시장이라는 제도에 기초하는 근대성에서 벗어나 대안사회를 모색하려고 해도 그것은 생각만큼 간단하지 않다. 그러므로 우리가 삶에 청량제를 주기 위해 꿈꾸는 유토피아는 현실적으로 실현 가능해야 한다. 그렇다면 이것은 국가와 시장이라는 제도를 일정하게 수용하는 현실적 유토피아(realistic utopia)라고 할 수 있다. 비록 현실 사회의 각종 문제가 근대 국가와 시장이라는 제도 때문에 발생한다고 하더라도, 국가와 시장을 부정하는 것은 더 심각한 문제를 초래할 수 있다. 원시 공산사회나 아나키즘(anarchism)과 같은 것은 현재로서는 상당한 혼란을 초래하기 때문에 현실적으로 운영하기가 쉽지 않다. 그렇다고 근대의 국민국가와 자본주의체제를 그대로 시행하는 것은 인간을 물질적 존재로 타락하게 하고 인간성이 고갈되게 한다. 따라서 국가와 시장을 적절하게 활용하면서 시민사회를 통해 그 문제점을 극복하는 전략이 필요하다.

시민사회의 가치를 투입하여 현실적 유토피아를 실현하려고 할 때, 국가와 시장의 이분법적 논리를 극복하는 것이 매우 중요하다. 국가와 시장에서 가정하는 주체와 환경의 분리를 극복하지 않고서는 인간의 존엄을 복원하고 일상의 행복을 살려내는 것이 불가능하기 때문이다. 인간은 그 스스로 정신과 육체를 분리할 수 없는 통합적 존재일 뿐만 아니라, 외부의 타자, 바깥의 자연, 국경을 넘는 타국, 그리고 지구 저 멀리 있는 우주와 서로 연결되어 있다. 이렇게 연결된 주체와 환경을 분리하는 것은 인간 본연의 원형에서 멀어지는 것으로, 본질적으로 정체성의 혼란을 초래한다. 예를 들어 주체와 환경을 분리하면 인간의 정신적 깊이, 타자에 대한 책임을 통한 자아실현, 자연에 대한 도덕적 의무를 실현하는 고결성, 국경을 넘는 문화 교류, 우주적 존재로서의 인간의 힘과 깊이 등이 모두 상실되고 만다.

국가와 시장이라는 근대적 제도는 세상을 중심과 주변으로 나누고 지배와 종속 원리를 추종한다. 따라서 시민사회적 가치를 투입하여 현실적 유토피아를 실현해가기 위해서는 국가와 시장의 이러한 속성을 극복하고 우주만물을 통합 원리에서 바라보아야 한다. 국가와 시장은 인간의 정신과 육체를 분리하여 육체(물질)에다 초점을 두었다. 그리고 자아와 타자를 구분하여 자기 자신에게 중심을 두고 생활했다. 또한 인간과 자연을 분리하여 인간 중심주의를 강조했다. 나아가 동양과 서양을 구분하고, 과학 기술의 힘을 활용하여 서양이 동양을 지배하는 것을 당연하게 생각했다. 그런가 하면 인류가 살아가는 지구를 우주와 분리하여 지구적 차원에서 제도를 구축하고 개인 정체성을 형성했다. 이러한 분리는 인간과 인간을 둘러싼 사회나 환경을 파편화함으로써 정체성 불안과 정신적 피폐를 초래한다. 근대 문명하에서 많은 사람이 근본적으로 불안에 떨고 허무해하는 것도 이러한 분리와 무관하지 않다.

인간을 정신과 물질의 통합으로 바라보는 것, 자아와 타자가 상호 조화롭게 살아가는 것, 인간과 자연이 공존하는 것, 동양과 서양이 호혜를 지향하는 것, 지구와 우주를 융합하는 것 등은 시민사회의 역할을 필요로 한다. 실제로 시민사회에서는 인간·사회·자연·우주를 분리하지 않고 통합·조화·공존·호혜·융합하기 위한 다양한 활동이 벌어진다. 예를 들어 시민사회의 각종 시민사회단체(Civil Society Organization: CSO)는 인간을 단지 물질적 존재로 바라보지 않고, 정신적 존재로서의 힘을 발현하기 위한 체험활동을 전개한다. 자아와 타자를 차이의 관점에서 수용하고 상호 지원하기 위한 운동이 벌어진다. 인간과 자연이 공존하기 위한 환경운동은 시민사회의 대표적인 활동이다. 동양과 서양 간의

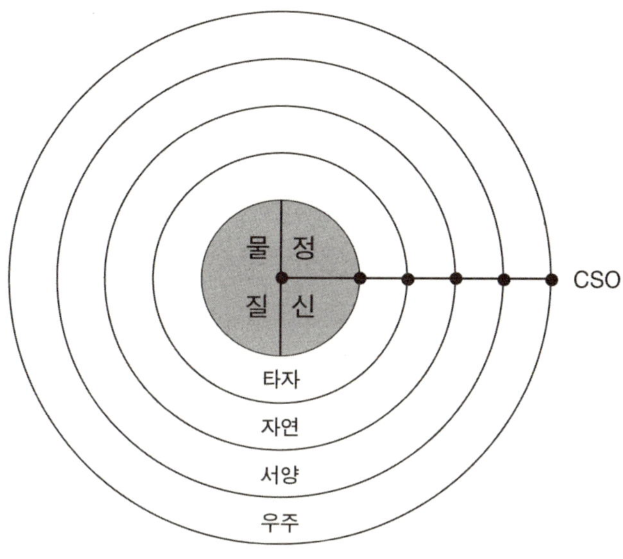

〈그림 11-1〉 주체와 환경의 통합과 CSO

지배·종속 관계를 끊고 지구 공동 과제를 위해 다양한 연대를 실행한다. 그리고 인간과 사회를 우주적 관점에서 바라보고, 이러한 관점에 근거하여 인간과 제도를 재구성하려고 노력한다. 〈그림 11-1〉에서 보는 바와 같이, 각 영역의 중간에서 시민사회단체는 상호 통합을 위한 매개 역할을 한다. 근대성에 대한 성찰을 통해 인간의 삶을 더 풍요롭고 의미 있게 만드는 것은 국가의 주요한 관심이기도 하다(2011년 보궐선거로 당선된 박원순 서울시장이 하드(hard)적인 서울 재건보다 소프트(soft)적인 도시형 마을만들기를 시도하는 것도 이러한 관점과 상통한다). 따라서 국가는 시민사회에서 이러한 융합을 위한 활동이 활발하게 일어나도록 지원하고 협력해가야 한다.

제3부
한국 시민사회의 과제

12 한국 시민사회의 문제와 발전 방안

한국 시민사회의 문제와 발전 방안

1. 한국 시민사회에 대한 비판

시민사회는 국가 공동체를 구성하는 섹터 중 하나로서 국가와 시장에 없는 소중한 가치와 활동을 내포하고 있다. 앞에서 살펴본 것처럼 한국에서도 시민사회는 민주주의의 질적 성장과 복지사회의 구축에서 아시아 문명을 개척하고 대안사회를 모색하는 데 이르기까지 좋은 비전을 제공한다. 따라서 국가가 각종 사회 문제를 효율적이고 효과적으로 해결하려고 할 때 시민사회를 전략적으로 활용하는 것이 중요하다. 물론 시민사회는 개념적으로 모호하고 이론적으로 허약한 측면이 있다. 그렇다고 시민사회를 포기하면 우리가 추구하는 민주주의, 복지사회, 공동체 문화, 국가 품격, 평화통일, 대안문명 등은 실현하기 어려워진다. 시민사회가 문제가 있다고 해서 시민사회를 무시하고 억압하는 것은 더러워진 목욕물과 함께 아기를 버리는 꼴이 되고 만다. 실제로 시민사회적 가치를 일상에서 제대로 체화하지 못하면 인간의 삶은 매우 건조하고 허무할 수밖에 없다. 그만큼 시민사회는 현대인의 일상적 삶에서 매우 중요한 의미를 지닌다. 전 세계에 걸쳐 수억 명의 사람이 시민사회에서 각자 추구하는 가치를 향해 서로 교류하고 연대하고 있는 것도 이러한 이유 때문이다.

그렇다고 한국 시민사회가 문제가 없다는 것은 아니다. 한국 시민사회는 민주주의의 발전과 경제 성장만큼이나 압축혁명을 통해 급속하게 성장했다. 1987년 6월항쟁 이후 한국 시민사회가 걸어온 궤적은 그야말로 폭발적 성장이라고 할 수 있다. 따라서 단시간에 시민사회의 외형을 갖추고 내용을 채우면서 시민사회의 가치가 제대로 뿌리를 내리지 못하고, 시민사회의 역량이 확고하지 못한 측면이 있다. 이러한 이유로 시민사회에 많은 비판이 제기되었다. 지금까지 제기된 비판을 열 가지 정도로 정리하면 다음과 같다.

첫째, 한국 시민사회는 참여가 부족하다. '시민 없는 시민운동'이라는 비판이 보여주듯이, 한국 시민사회는 아직도 소수 활동가가 주축이 되어 시민운동을 이끌어가거나, 회원 또는 일반 시민의 참여가 부족하다는 것이다. 회원들은 수동적으로 회비를 내는 데 그치고 실제로 활동을 하는 데는 소극적이다. 그리고 일반 시민은 시민운동에 큰 관심을 가지지 않는다. 이러한 경향은 자원활동 참여율 같은 통계에서 잘 드러난다.

둘째, 한국 시민사회는 전문성이 부족하다. 한국 시민사회는 역사가 짧고 인력이 부족하여 영역별로 분화되지 않아 부문 운동이 활발하지 못하다. 따라서 하나의 단체가 백화점처럼 여러 영역에서 활동한다. 이렇다 보니 각종 사회 문제를 체계적으로 분석하고 대안을 제시할 수 있는 능력이 부족하다. 전문 능력이 부족한데도 체계적 조직인 국가와 시장 영역에 개입하여 비판하는 모순이 발생한다는 비판을 받고 있다.

셋째, 한국 시민사회는 너무 정치적이다. 시민사회는 정치에 개입하여 참여민주주의를 활성화하는 측면이 있지만, 그것이 시민사회의 모든 것은 아니다. 자원활동과 거버넌스를 통해 공공 서비스를 생산하거나 대안사회의 새로운 생활과 제도를 실험하는 것도 시민사회의 중요한 기능과 활동에 속한다. 그런데 한국 시민사회는 이러한 문제에 소홀하고 정치적 문제에 너무 개입하여 활동한다는 것이다.

넷째, 한국 시민사회는 재정을 외부에 의존한다. 시민사회는 본질적으로 시민의 자발적 참여를 통해 자율적으로 운영된다. 따라서 시민 스스로 회비를 내고 시민사회에서 기부금을 확보하여 단체를 운영해가야 한다. 그러나 이러한 역량이 부족하여 정부와 기업에 재정을 의존하고, 이로써 시민사회의 정당성이 침식되고 있다는 것이다.

다섯째, 한국 시민사회는 민주적이지 못하다. 시민사회는 국가와 시장 권력을 견제하기 위해 먼저 자기정당성을 가져야 한다. 그중에서 가장 중요한 것은 스스로 민주주의 원리를 지키는 것이다. 그러나 국가와 시장 영역만큼 시민사회도 민주적으로 조직을 운영하지 못한다는 것이다. 조직을 투명하게 운영하고 회원의 평등한 참여를 통해 민주적으로 의사를 결정해야 하지만, 사실은 그렇지 못하다는 것이다.

여섯째, 한국 시민사회는 너무 중앙에 집중되어 있다. 한국은 정치와 경제가 서울을 중심으로 한 수도권에 집중되어 있다. 시민사회가 지향하는 것은 과도한 중앙 집중을 견제하고 균형적이고 다원화된 사회를 만드는 것이다. 그런데 시민사회도 서울에 너무 집중되어 있다는 것이다. 이러한 중앙 집중 때문에 지방에서는 시민사회의 재정과 인력이 부족하고 활동가의 재생산조차 제대로 이루어지지 않고 있다는 것이다. 그리고 전국적인 연대에서도 항상 서울 중심으로 움직이기 때문에 평등한 연대가 이루어지지 못한다는 것이다.

일곱째, 한국 시민사회는 권력과 유착한다. 시민사회가 국가와 시장을 감시하고 비판하지만, 기회만 있으면 활동가들이 정부나 기업으로 이동하여 권력을 획득하는 데 관심을 둔다는 것이다. 시민사회의 활동을 출세를 위한 발판으로 삼으면서 시민사회의 도덕성이 쇠퇴하고, 심한 경우 '홍위병'의 논란까지 제기되고 있다.

여덟째, 한국 시민사회는 너무 성과 지향적이다. 국가와 시장은 주어진 목적을 달성하는 데 집착한다. 그러나 시민사회는 생활세계의 문화적 영역이라는 점에서 성과에 과도하게 집착하기보다는 과정을 중시한다. 그런데도 시민사회가 국가와 시장 논리에 따라 주어진 목표를 달성하는 데 너무 집착한다는 것이다. 이렇게 되면 과정에서 의미를 창출하기보다 목표를 달성하기 위해 과정을 수단화하는 문제가 발생한다.

아홉째, 한국 시민사회는 국제 활동이 부족하다. 한국 시민사회도 이제 세계시민사회의 일원이 되어 세계적인 문제에 관심을 가지고, 지구 공통 과제를 달성하기 위해 다른 나라의 시민사회와 협력해야 한다. 그럼에도 과도하게 국내 문제에 초점을 두기 때문에 국제적인 활동에 둔감하다는 것이다.

열째, 한국 시민사회는 물질 지향적이다. 시민사회는 경제 성장을 지향하는 근대성을 일정하게 견제하고 정신적 가치를 발현하는 특성을 지닌다. 그런데 한국에서 시민운동은 정신적 가치에는 큰 관심이 없고, 외형적 성과를 달성하거나 물질적 분배에 과도하게 집착한다는 것이

〈표 12-1〉 한국 시민사회에 대한 비판과 비판의 한계

구분	내용	한계
참여 부족	소수 활동가 중심으로 활동, 회원과 일반 시민의 참여 부족	참여의 문화가 발달하지 않았으며, 실제로 시민 참여가 적지도 않다.
전문성 부족	부문활동 부족으로 체계적인 분석과 대안 제시 능력 부족	일부 영역은 전문적이며, 운동이 분화되고 있다.
정치 지향성	정치 문제에 과도하게 개입하고 서비스 생산과 대안운동에 소홀	민주주의 발전에 중요하며, 다른 활동이 점차 증대되고 있다.
재정의 외부 의존	자체 재정 동원 능력이 부족하여 국가와 시장에 의존	시민사회의 물적 토대가 빈곤하고 국가와 시장의 지원도 가능하다.
비민주적 운영	투명한 운영, 평등한 참여, 민주적 의사 결정이 부족	대형 단체들은 대체로 민주적으로 운영되며, 점차 개선되고 있다.
중앙 집중	서울에 집중되어 지방 시민사회의 역량이 부족	최근에는 지방의 풀뿌리운동이 점차 살아나고 있다.
권력 유착	시민사회의 활동을 권력 획득의 기회로 활용	섹터 간의 인적 교류를 통해 시민사회의 경험을 활용하는 것이 좋다.
성과 지향성	과정을 중시하기보다 목표 달성에 과도하게 집착	성과 지향적인 사회 분위기의 영향을 받았으나 점차 개선되고 있다.
국제 활동 부족	세계적인 문제에 대한 관심과 국제적 연대가 부족	최근에는 세계적 이슈에 대한 관심과 국제 연대가 점차 강화되고 있다.
물질 지향성	물질적 가치에 과도하게 집중하고 정신적 가치에 소홀	풀뿌리 차원에서 정신적 가치를 중시하는 운동이 일어나고 있다.

다. 실제로 정부에 대한 정책 제안도 정신적 가치에 대한 개념과 대안이 매우 부족하다는 지적을 받는다.

물론 이러한 비판이 모두 합리적이고 정당한 것은 아니다. 사실 시민사회에 대해 교육을 받거나 체험을 해보지 못한 사람은 시민사회를 제대로 이해하기 어렵다. 특히 국가와 시장 영역의 사람들은 시민사회가 급격하게 부상하여 영향력이 강화됨에 따라 자기 방어의 관점에서 시민사회를 평가하려고 한다. 따라서 시민사회에 대한 비판에는 여러 가지 오류와 모순이 있기도 하다. 지금까지 말한 시민사회에 대한 비판과 비판의 한계를 정리하면 〈표 12-1〉과 같다.

2. 한국 시민사회의 문제

한국 시민사회에 대한 비판은 일리가 있기도 있지만, 시민사회의 기본 특성을 이해하지 못한 측면과 한국 시민사회 발전의 역사적 배경이나 최근 변화하는 양상을 제대로 파악하지 못한 측면이 있다. 예를 들어 시민사회는 다원적 가치를 중시하고 실제로 다양한 결사체가 다양한 방식으로 조직을 구성하고 운영한다. 따라서 일률적으로 시민사회가 어떤 특성을 지니고 어떤 방식으로 운영되어야 한다고 규정하기 어렵다. 그리고 짧은 기간에 급속하게 발전하는 과정에서 한국 시민사회의 중요한 과제는 국가 민주화였기 때문에 이와 관련된 정치활동이 활성화된 측면이 있다. 이것은 시대적 과제로 결코 잘못된 것이라고 하기 어렵다. 또한 한국 시민사회의 역량을 절대적 기준에 맞추어 평가하는 측면이 있다. 역사가 수백 년이나 되는 서구 선진국과 비교하거나, 규범적 측면에서 시민사회의 절대 가치에 기초하여 시민사회를 비판하는 것은 잘못되었다.

한국 시민사회에 대한 비판은 사실을 제대로 알지 못하고 과장된 측면이 있다. 그렇다고 하더라도 한국 시민사회는 실제로 많은 문제를 안고 있는 것이 사실이다. 한국 시민사회의 문제는 여러 가지 측면에서 접근하여 분석할 수 있다. 여기서는 종합적으로 다음 다섯 가지로 정리하여 한국 시민사회의 실질적인 문제를 살펴보기로 한다.

첫째, 한국 시민사회는 재정이 부족하다. 한국은 서구 선진국에 비해 기부나 자원활동의 문화가 매우 허약하다. 기부금이나 자원활동에 대한 자각과 운동이 일어난 것은 그야말로 10여 년의 역사에 지나지 않는다. 그리고 시민운동을 지원할 재단이 절대적으로 부족하다. 이렇다 보니 단체가 실질적인 사업을 전개하기 어렵고, 상근자는 박봉에 시달리며 자기 계발의 기회를 갖지 못한다. 시민사회 영역에서 상근자의 이직률이 높고 재생산이 제대로 이루어지지 않는 것도 이러한 이유 때문이다. 이러한 물적 토대의 빈곤은 각종 사회 문제를 해결하기 위해 시민사회를 전략적으로 활용하려고 할 때 큰 어려움을 초래한다. 예를 들어 어떤 사회 문제를 해결하기 위해 정부가 시민사회와 거버넌스 체제를 확립하려고 할 때, 정부가 거버넌스에 대한 이해와 의지가 없는 것도 문제지만 그런 의지가 있다 하더라도 시민사회가 파트너로서의 역량이 있느냐 하는 것도 문제가 된다. 시민사회의 역량을 증대하기 위해 시민사회에 젊은 인재를 유입하고, 특히 능력 있는 은퇴자를 확보하여 물적 토대를 확고히 하는 것이 중요하다.

둘째, 한국 시민사회는 시민 참여가 부족하다. 한국은 군부 정권이 주도적으로 국가의 근대화를 추진하면서 시민 참여를 배제했다. 더구나 시민의 감시와 비판을 반국가적인 행동으로 간주하고 각종 행정적·법적 제재를 가하기도 했다. 이렇다 보니 시민들은 자신과 직접적인 이해관계가 없는 공공 문제에 대해서는 무관심하거나 의도적으로 회피하는 경향이 강하다. 그리고 오랫동안 가난에 허덕이다 최근에 와서야 겨우 선진국 문턱에 도달했기 때문에, 공중으로서의 자질과 역할에 대한 자각이 없었다. 이러한 이유 때문에 한국에서는 공공 문제에 대한 시민 참여가 활발하지 못하다. 따라서 시민운동은 상근자 중심으로 소수의 전문 지식인이 참여하는 형태로 진행되고 있다. 최근에 자원활동이 늘어나고 공공 문제에 대한 시민의 참여 의식이 증대하고 있기는 하지만,

여전히 시민 참여가 절대적으로 부족한 상황이다. 시민 참여 부족은 복지사회를 구축하고 공동체 사회를 정착하려 할 때 여러 가지 한계가 노정된다.

셋째, 한국 시민사회는 중앙에 너무 집중되어 있다. 한국은 급속하게 근대화를 추진하는 과정에서 자원을 효율적으로 활용하기 위해 권력과 시설을 중앙에 집중했다. 이러한 이유로 국가와 경제 영역에서 많은 자원이 서울을 중심으로 하는 수도권에 모여 있다. 그런데 시민사회에서도 이러한 중앙 집중 현상이 나타나고 있다. 예를 들어 서울은 재정이나 인력이 상대적으로 좋지만, 지방의 시민사회는 매우 허약하다. 이렇다 보니 지방에서는 시민운동이 활성화되지 못하고 있다. 게다가 지방 NGO는 상근자 충원도 매우 어려운 상황이다. 시민운동이 지지부진한 상태에서 동창회·향우회·화수회 등 연고 조직이 활성화되면서 공공성이 쇠퇴하는 문제까지 발생하고 있다. 더구나 지방 시민사회에서는 기득권자의 지배카르텔이 견고하게 이루어져 합리성을 악화하거나 시민운동을 방해하는 현상까지 나타나고 있다. 이렇게 되면 지방정치에서 거버넌스를 실행하고 지역 공동체를 형성하려고 할 때, 실질적인 사업 진행이 어려워진다.

넷째, 한국 시민사회는 민주주의가 제대로 작동하지 않는다. 시민사회의 각종 결사체가 회원 참여, 수평적 소통, 투명한 조직 운영 등에서 정부나 기업에 비해 나은 것이 사실이지만, 여러 가지 문제가 있다. 특히 작은 단체들은 조직을 민주적으로 운영하지 않을 뿐만 아니라, 재정을 투명하게 공개하지도 않는다. 각종 결사체의 지도자들도 민주주의에 대한 학습이 제대로 이루어지지 않은 상태에서 조직이 사인화되는 경우도 많다. 그런가 하면 급속한 근대화 과정에서 배태된 반공주의·권위주의·성장주의·전시주의·연고주의 등과 같은 구시대적 이데올로기도 제대로 청산하지 못했다. 이것은 시민사회가 시민에게서 신뢰를 받지 못하고, 오히려 시민 참여를 차단하는 결과를 초래했다. 시민사회에서 민주주의가 제대로 작동되게 하여 자기정당성을 확보하는 것은 시민사회의 역량을 증대하기 위한 초석이라고 할 수 있다. 이것이 갖추어지지 않으면 시민사회를 전략적으로 활용하여 각종 공공 문제를 해결하겠다는 비전은 성취하기 어려워진다.

다섯째, 한국 시민사회는 정치 이데올로기에 과도하게 집착하고 있다. 시민사회는 본래 다원적 가치를 지향하고 협력과 연대를 강조한다. 그리고 봉사와 관용을 중시한다. 따라서 각종 결사체는 자신이 추구하는 가치를 자유롭게 성취하는 활동을 전개한다. 각자의 이념이나 가치에 대해서는 서로 인정하고, 공통 과제에 대해서는 서로 협력하고 연대한다. 특히 사회적 약자나 소수자에 대해서는 관용을 베푸는 문화가 정착되어 있다. 그러나 한국 시민사회에서는 진보와 보수가 양분되어 서로 배타적으로 자신의 이념을 추종하고, 상대에 대해서는 매우 비판적이다. 이렇다 보니 합리적으로 정부 정책을 평가하고 사업을 전개하기보다는 이데올로기에 집착하여 찬성하거나 반대한다. 심지어 대학의 지식인조차 진보와 보수로 편을 갈라 서로 대립하는 양상을 보이고 있다. 이러한 현상은 시민사회의 다원적 가치를 침식하고 정부와의 거버넌스나 국제적 연대를 어렵게 만든다. 그리고 시민 계몽을 비롯하여 공공 서비스 생산, 사회자본 형성, 사회적 약자 지원 등 실제로 시민사회가 해야 할 일을 하지 못하는 현상을 초래한다.

한국이 지향해야 할 민주주의의 질적 발전, 복지사회 구축, 국제사회에서의 신뢰, 평화적인 통일, 대안문명 개척 등은 시민사회를 적극적으로 활용해야 한다. 그런데 시민사회가 여러 가지 문제로 역량이 불충분하고 자기정당성이 부족하면, 국가 전반에서 문제가 발생한다. 따라서 한국 시민사회를 전략적으로 활용하여 한국이 추구하는 비전을 이루기 위해서는 이러한 문제를 인식하고 체계적으로 대응해가는 것이 필요하다.

3. 한국 시민사회의 발전 방안

시민사회는 다차원적 개념이다. 그것은 하나의 사상과 철학인가 하면, 하나의 문화나 제도이기도 하다. 그런가 하면 그것은 문제 해결을 위한 하나의 분석틀이기도 하고, 목표 달성을 위한 수단이기도 하다. 그리고 시민사회를 바라보는 시각이나 기대 또한 국가나 시대, 그리고 개인마다 천양지차이다. 그럼에도 부정할 수 없는 하나의 사실은 시민사회가 많은 보편적 가치를 함축하고 우리 실존에 매우 소중하다는 것이다. 따라서 중요한 것은 시민사회의 다원성을 이해하고 필요한 곳에 그것을 적절하게 활용하는 것이다. 예를 들어 근대성을 대표하는 개인주의는 민주주의와 삶의 질에 매우 중요하기도 하지만, 사회를 파편화하는 일정한 문제를 노정하기도 한다. 따라서 개인주의의 문제를 극복하고 그 속에 내포된 이념을 살리는 것이 중요하다. 그런데 개인주의의 장점과 단점의 균형추 역할을 할 수 있는 것이 바로 시민사회라고 할 수 있다. 시민사회의 각종 조직과 활동은 개인의 자율이나 인권뿐만 아니라, 공공성과 공동체의 이념도 함축하고 있기 때문이다.

시민사회의 다양한 가치와 능력을 국가 발전에 전략적으로 활용하기 위해서는 우선 시민사회의 역량을 증대하고 시민운동을 활성화해야 한다. 이 과정에서 한국 시민사회의 여러 가지 문제를 극복해야 한다. 물론 한국 시민사회가 처한 문제는 결코 하루아침에 해결되거나 시민사회 홀로 해결할 수 있는 것이 아니다. 그것은 사회구조적으로 서로 얽혀 있고 역사적 발전 과정에서 문화적으로 습관화된 것이기도 하다. 따라서 시민·시민사회·정부가 공동 노력을 전개하는 것이 필요하다. 한국 시민사회의 문제는 시민들의 각성과 자기 성숙의 노력이 필요한가 하면, 시민사회 스스로 신뢰를 받고 토대를 구축하기 위한 혁신을 추진해야 한다. 또한 정부가 정책적으로 시민사회를 지원하고 각종 정책을 체계적으로 형성해가는 노력도 동반되어야 한다.

우선 시민적 차원에서 살펴보기로 하자. 시민사회는 민주주의와 인간 실존과 밀접한 관련이 있다. 시민사회가 활성화되지 않고서는 역동적인 민주주의의 운영은 불가능하다. 따라서 시민은 민주주의 발전에 대한 시민사회의 중요성을 인식하고 시민사회의 각종 활동에 적극적으로 참여하는 것이 필요하다. 민주시민으로서의 소양을 가지고 공중의 역할을 다할 때 국가 공동체가 발전할 수 있다. 그리고 국가 공동체가 발전할 때 개인의 안전과 복리도 도모할 수 있다. 이런 점에서 시민사회의 각종 활동에 참여하여 공공성을 증대하는 것은 곧 자기 자신을 위한 길이 된다. 더구나 인간은 감정적 동물로 국가나 시장 원리로써 살아갈 수 있는 존재가 아니다. 그렇다면 시민사회의 각종 활동에 참여하고 시민사회적 가치를 일상에서 실천하는 것은 개인 삶의 질을 증대하고 실존의 근원을 깨닫는 데 매우 중요하다. 따라서 시민사회적 가치가 확산되고 일상생활에서 체화될 수 있도록 스스로 노력해가야 한다.

시민사회적 차원에서는 시민사회 스스로 자기 성찰을 통해 시민사회를 혁신해가야 한다. 이를 통해 시민사회에서 민주주의 원리를 강화하고 도덕성을 증대해야 한다. 그리고 시민사회의 다원적 가치를 이해하여 차이를 수용하고 사회적 약자나 소수자에게 관용을 베푸는 것이 필요하다. 또한 시민사회의 과도한 정치화를 배제하고 공공 서비스 생산, 자원활동 활성화, 국제 협력활동, 대안사회 실험 등의 분야에서도 활동을 확대해야 한다. 국가와 시장의 관계도 대결과 견제 이면에서 상호 협력과 신뢰의 제도를 구축해가야 한다. 나아가 젊은 세대가 유입되고 참여할 수 있도록 조직을 혁신하고 새로운 문화가 정착되게 해야 한다. 특히 대학에서는 시민사회, 시민운동, NGO, 자원활동, 민주시민 등에 대한 교양교육을 확대하고, 지방 거점 대학에서는 시민사회 활동가의 재교육을 위한 각종 프로그램을 진행하는 것도 중요하다. 대학 교수를 비롯한 지식인들도 시민사회의 각종 활동에 적극적으로 참여하는 것이 필요하다(최근 신자유주의 원리에 따라 연구 실적이 강조되면서 교수들의 사회 참여가 줄어들고 있다).

정부적 차원에서는 시민사회가 민주주의 발전과 시민 삶의 질 증대와 밀접한 관련이 있다는 것을 이해하고, 시민사회 활성화를 위한 정책 형성과 행정적 지원이 필요하다. 정부는 시민사회에서 자원활동과 기부금이 활성화되도록 법률을 제정·개정해야 한다. 그리고 정부는 시민사회 활성화를 위해 정치 지도자가 솔선수범하는 것, 시민사회 재정 지원을 위한 독립재단을 설치하는 것, 각종 시민사회 국제회의와 공동 기

〈표 12-2〉 한국 시민사회 발전 방안

차원	주제	내용
시민적 차원	이해와 참여 확대	시민사회에 대한 이해와 참여가 민주주의 발전과 실존의 근원에 연결되어 있음을 이해하고 각종 활동에 적극적으로 참여
시민사회적 차원	민주주의 원리 강화	조직의 민주적 운영을 위한 자기 성찰과 조직 혁신이 필요
	수용과 관용	시민사회의 다원성을 이해하고 차이에 대한 수용과 사회적 약자에 대한 관용이 필요
	활동의 다양화	과도한 정치화를 배제하고 다양한 영역으로 활동을 강화, 국가와 시장과의 협력도 증대
	젊은 세대에 개방	젊은 세대가 유입되고 참여할 수 있도록 조직과 문화를 혁신
	대학의 교양교육 강화	대학생에 대한 시민교육의 강화, 지방 시민사회 활동가에 대한 재교육 프로그램 개설
	지식인 참여 확대	시민사회의 각종 활동에 지식인이 적극적으로 참여
정부적 차원	자원활동과 기부금 활성화	자원활동과 기부금이 활성화되도록 각종 법률을 제정·개정하고, 정치 지도자가 솔선수범
	독립재단 설치	독립재단을 설치하여 각종 시민운동에 대한 재정 지원을 확대
	국제회의와 공동 기구 유치	각종 시민사회의 국제적 협력 및 연대와 관련된 국제회의를 한국에 유치하고 공동 기구를 설치
	시니어 적응교육 지원	시니어의 시민사회 적응교육을 정책적으로 지원
	거버넌스 확대	공공 문제에 대한 시민사회 참여를 확대하고 파트너십을 강화
	공익 광고 강화	각종 공영방송에서 시민사회 활동이나 시민 참여에 대해 공익 광고를 확대
	NGO 센터 건립	지역마다 NGO 센터를 건립하여 이에 대한 운영을 지원

구를 유치하는 것, 시니어의 시민사회 적응교육을 지원하는 것, 시민사회와 거버넌스를 확대하는 것, 시민 참여와 공공성에 대한 공익 광고를 강화하는 것, 지역마다 NGO 센터 건립과 운영을 지원하는 것 등과 같은 많은 것을 지원할 수 있다.

이와 같이 설명한 시민적·시민사회적·정부적 차원에서 시민사회 발전 방안에 대해 설명한 것을 정리하면, 〈표 12-2〉와 같다. 물론 각종 방안은 서로 떨어져 있는 별개 문제가 아니라 상호 밀접하게 연결되어 있

다. 따라서 문제에 대해 체계적으로 파악하고 대응하기 위해 시민사회
발전위원회나 거버넌스위원회 같은 기구를 설립하여 운영할 수도 있
다. 한국 시민사회의 전략적 가치와 비전을 생각한다면, 시민사회에 대
한 이해를 높이고 정책적으로 활성화하는 것도 하나의 국가적 과제가
될 수 있다. 기존 제도를 혁신하고 새로운 문명을 구축하기 위해서도
시민사회에 대한 각별한 이해와 지원이 필요하다고 하겠다.

참고문헌

가라타니 고진(柄谷行人). 2001. 『윤리 21』. 송태욱 옮김. 서울: 사회평론.

그람시, 안토니오(Gramsci, Antonio). 1987. 『그람시의 옥중수고 I』. 이상훈 옮김. 서울: 거름.

기든스, 앤서니(Anthony Giddens). 1991. 『포스트 모더니티』. 이윤희·이현희 옮김. 서울: 민영사.

김태성·성경륭. 2000. 『복지국가론』. 서울: 나남.

들뢰즈·파르네(Gilles Deleuze and Claire Parnet). 2005. 『디알로그(Dialogues)』. 허희정·전승화 옮김. 서울: 동문선.

리프킨, 제러미(Jeremy Rifkin). 2005. 『유러피언 드림』. 이원기 옮김. 서울: 민음사.

무페, 샹탈(Chantal Mouffe). 2007. 『정치적인 것의 귀환』. 이보경 옮김. 서울: 후마니타스.

박상필. 2008. 『NGO와 정부 그리고 정책』. 서울: 한울.

______. 2011. 『NGO학: 자율·참여·연대의 동학』. 홍천: 아르케.

에드워즈, 마이크(Mike Edwards). 2005. 『시민사회』. 서유경 옮김. 서울: 동아시아.

요나스, 한스(Hans Jonas). 1994. 『책임의 원칙』. 이진우 옮김. 서울: 서광사.

하버마스, 위르겐(Jürgen Habermas). 2006. 『의사소통행위 이론 I, II』, 장춘익 옮김. 서울: 나남출판.

홍일표. 2007. 『기로에 선 시민입법』. 후마니타스.

Cohen, Jean and Anderw Arato. 1992. *Civil Society and Political Theory*. Cambridge: The MIT Press.

Easterlin, Richard(ed.). 2002. *Happiness in Economics*. Cheltenham: Edward Elgar Publishing.

Kennedy, Paul. 1989. *The Rise and Fall of the Great Powers*. New York: Blackwell.

O'Connell, Brian(ed.). 1983. *America's Voluntary Spirit: A Book of Reading*. New York: The Foundation Center.

Offe, Claus. 1984. *Contradictions of the Welfare State*. John Keane(ed). Cambridge: The MIT Press.

Putnam, Robert. 1993. *Making Democracy Work: Civic Traditions in Modern Italy*. Princeton: Princeton University Press.

______. 2000. *Bowling Alone: The Collapse and Revival of American Community*. New York: Simon & Schuster.

Salamon, Lester. 1995. *Partners in Public Service*. Baltimore: The Johns Hopkins University Press.

______. 1999. *America's Nonprofit Sector* (2nd edition). New York: The Foundation Center.

지은이

박상필(朴祥弼)

npongo@naver.com

경희대학교, 알래스카대학교, 경북대학교 등에서 정치학·정책학·행정학 등을 공부하고 NGO에 대한 연구로 박사학위를 받았다. 연세대학교·이화여자대학교 강사, 경희대학교 NGO대학원 객원교수를 거쳐 현재 성공회대학교 NGO대학원 초빙교수로 있다. 참여연대 운영위원, 시민운동정보센터 소장, 미래사회와종교성연구원 연구기획위원, 행정안전부의 공익사업 선정위원 및 평가위원, 한국NGO학회 및 한국비영리학회 이사로 봉사하였다. 저서로는 『NGO를 알면 세상이 보인다』, 『NGO와 현대사회』, 『NGO와 정부 그리고 정책』, 『NGO학』, 『시민사회의 재발견』, 『유토피아 코리아』, 『제3의 직장』 등이 있으며, 공저로는 『NGO 가이드』, 『21세기 지식키워드』, 『NGO와 한국정치』, 『아시아의 시민사회』, *International Encyclopedia of Civil Society* 등 다수가 있다.

유용원(劉容元)

krutugi@hanmail.net

한일장신대학교 NGO정책대학원, 백석대학교 목회대학원 등에서 사회경제학, NGO정책학, 신학 등을 공부하고 「사회복지시설종사자의 직업가치관이 직무만족에 미치는 영향에 대한 연구」로 석사학위를 받았다. 현재 한일장신대학교 인문사회과학부 겸임교수로 있으며, NGO정책대학원에서 NGO와 실무를 가르치고 있다. 한승교회 담임목사, 국제기아대책기구 수원화성지역회 이사, 법무부 종교위원 및 수원구치소 기독교분과위원회 위원장, 기독교연합신문 기획실장으로 봉사하고 있다. 저서로는 『신앙은 낭만이 아닙니다』, 『난 오늘도 꿈꾼다』, 『나의 포도원을 지킵시다』, 『세상이 아닌 하나님을 의식하라』 등이 있으며, 공저로는 『교회에 관한 33가지 유쾌한 상상』 등이 있다.

한국 시민사회 프로젝트

ⓒ 박상필·유용원, 2012

지 은 이 • 박상필·유용원
펴 낸 이 • 김종수
펴 낸 곳 • 도서출판 한울

편집책임 • 이교혜
편집 • 이가양

초판 1쇄 인쇄 • 2012년 11월 9일
초판 1쇄 발행 • 2012년 11월 23일

주   소 • 413-756 경기도 파주시 파주출판도시 광인사길 153
             (문발동 507-14) 한울시소빌딩 3층
전   화 • 031-955-0655
팩   스 • 031-955-0656
홈페이지 • www.hanulbooks.co.kr
등록번호 • 제406-2003-000051호

Printed in Korea.
ISBN   978-89-460-4648-1   03340 (양장)
          978-89-460-4649-8   03340 (반양장)

 * 책값은 겉표지에 표시되어 있습니다.
 * 이 책은 강의를 위한 학생판 교재를 따로 준비했습니다.
    강의 교재로 사용하실 때에는 본사로 연락해주십시오.